O JEITO ALICE DE EMPREENDER

Mônica Balestieri Berlitz

Fundadora e administradora do Clube da Alice

O JEITO ALICE DE EMPREENDER

Conexões e transformações por meio da maior
comunidade de empreendedorismo feminino do país

© 2022 por Ideal Books
Todos os direitos reservados à Ideal Books.
É proibida a reprodução total ou parcial desta obra sem autorização expressa da Ideal Books.

B515j   Berlitz, Mônica Elisa Balestieri, 1969-
           O jeito Alice de empreender : conexões e transformações por meio da maior comunidade de empreendedorismo feminino do país / Mônica Elisa Balestieri Berlitz. – São Paulo : Ideal Life, 2022.
           240 p. : il. color. ; 21 cm.

           Inclui bibliografia.
           ISBN 978-65-84733-18-3
           ISBN e-Book 978-65-84733-14-5

           1. Empreendedorismo. 2. Mulheres – Carreira profissional. 3. Sucesso nos negócios. I. Título.

                                                                              CDD: 658.421
                                                                              CDU: 65.016.1

Ficha catalográfica elaborada por Marta de Souza Pião – CRB 8/6466

Direção Geral Ideal Books	Ewerton Quirino
Colaboradores	Fábio Heinzen Fonseca Claudionor Martim
Coordenação Editorial	Raquel Andrade Lorenz
Redação	Márcia Letícia Falkowski de Aguiar
Projeto Gráfico	Editora Coletânea/Karen Melo
Revisão Ortográfica e Diagramação	Editora Coletânea
Capista	Rafael Brum
Imagem da Capa	iStock
Foto da Capa	Lucy Lima

À minha família, aos amigos maravilhosos que a vida me deu e a todas as Alices.

Ao Facebook, pelo apoio e por nos proporcionar ferramentas e um espaço perfeito para conectar pessoas e transformar vidas.

À vida, pelos encontros de histórias e trajetórias.

A você, leitor(a), que, ao virar esta página, também passa a fazer parte desta história.

Hora da gratidão

Esta história é feita de muitas histórias. Como não ser grata a todas as pessoas maravilhosas que cruzaram o meu caminho e que me apoiam ou apoiaram, em algum momento, para eu estar aqui?

Posso me esquecer de quem me deixou triste, mas jamais me esquecerei de quem me fez feliz.

Vou começar meus agradecimentos por onde tudo começou e pelas mulheres maravilhosas que me serviram de exemplo, como minha avó Alzira, minha mãe Pedra, minhas tias Lili, Suzy e Carmem, a esposa do meu pai, Cristina, e todas as minhas queridas professoras. Com certeza, carrego comigo a coragem, a força, a delicadeza e a fé no Universo que aprendi com cada uma de vocês.

E o que dizer dos homens da minha vida? Minhas referências não poderiam ser melhores. Tenho uma enorme admiração pelo meu pai, por sua coragem e pelo modo como ele não mediu esforços para alcançar seus objetivos. Ele foi uma grande inspiração para mim e também me deu mais duas referências masculinas importantes: meus irmãos Gabriel e Fábio. Algo muito bacana entre mim e meus irmãos é a admiração recíproca que sempre nutrimos. Agradeço muito o apoio e o carinho que recebo deles em todas as minhas loucuras.

E o que falar do Paulo, meu marido, tão citado neste livro e tão presente em minha vida?! Se você, como eu, acredita em alma gêmea, vai entender a minha gratidão ao Universo por eu ter cruzado o caminho do meu rabugento favorito, que me deu o maior presente da minha vida...

Agradeço todos os dias por ser mãe da Duda e me orgulho muito da mulher incrível e do bem em que ela se transformou.

Sei que é difícil citar todas as pessoas importantes em uma história tão rica, mas algumas eu tenho que dizer o quanto são especiais:

Ivy Lemes, que começou tudo comigo na *Palpite de Alice*;

Raphaella Cervi Sigel, por ter me apresentado o mundo das comunidades digitais;

Minha irmã de coração, Raquel Camargo, por ter sonhado comigo uma comunidade em que pudéssemos compartilhar nossas Havaianas (piada interna) e por cuidar tão bem da minha saúde;

Giovanna Surugi Tarquinio, por todo o apoio e pela indicação de novas Alices;

Thayza Melo, por ter transformado a marca **Clube da Alice** em seus primeiros produtos e ter dividido muitas aventuras comigo;

Vanessa Guithon, por ter enxergado tantas oportunidades no grupo, até mesmo antes de mim;

Minha amiga Karen Petrelli de Castro, por comprar todas as minhas brigas e cuidar sempre de mim;

Luciana Burko, por sua admirável atuação no e pelo empreendedorismo feminino e, em especial, por termos o mesmo propósito e caminharmos juntas em busca de sua realização;

Simone Cesa, Yasmin Fadul Medeiros, Márcio Orsolini, Diana Engel Gerbase, Flavia Goulart, Gabriel Lucinski, Luan Trindade, Christian Miguel da Silva, Flávia Ribas e toda a equipe da Meta, por sempre estarem tão atentos e serem tão carinhosos com o **Clube da Alice**, além de todas as oportunidades de crescimento e aprendizagem que tive com cada um de vocês.

Como não agradecer a todas as colunistas que passaram por nossos canais, dividindo seus conhecimentos comigo e com as Alices?

Agradeço também a Daniela Baruch e a toda a equipe do Shopping Mueller, por terem aberto as portas para a nossa primeira casa e por todo carinho que recebo até hoje quando estou por lá;

A Maikon Bruno, pela oportunidade de uma nova experiência no grupo Tacla;

A Talita Dallmann Sabino, pela parceria no Shopping São José, que resultou no **Clube da Alice** São José dos Pinhais;

A Patrick Gil, pelo convite para trazer uma novidade ao Shopping Crystal e a toda a equipe do Shopping pelo carinho e pelo espaço acolhedor que temos lá;

A todas as marcas que estão ou estiveram conosco nestes anos: sou muito grata a cada uma das pessoas envolvidas nesse processo. A confiança de vocês em mim e no meu trabalho para representá-las é algo que não há como expressar. Sou grata a cada uma de vocês. Natura, Claro, Amil, Karsten, Grupo Positivo e Santander: é uma honra ser a porta-voz de marcas tão relevantes dentro da nossa comunidade;

Ao grupo GRPCOM, por tanto apoio e tantas aventuras juntos;

A Marcos Yabe, por tantas oportunidades e pela minha primeira experiência na televisão;

A Vonett Faryniuk, pela dedicação e apoio ao **Clube da Alice** Maringá;

A Márcia Letícia F. de Aguiar e a Raquel Lorenz, pela dedicação e amor que colocaram em cada etapa deste projeto. Sem o apoio de vocês duas este livro ainda seria um sonho na minha cabeça;

A todos os amigos, amigas e Alices que fazem parte da minha vida. Em especial, aos que nos ajudaram a contar esta história para você.

Sumário

Prefácio **15**

Sobre a autora. **19**

Introdução **21**

A menina chamada Mônica **25**

Os novos rumos da tímida menina 28
Então, a extrovertida adolescente veio à tona 32
Eu e minha avó: minha mentora, meu exemplo 33
O meu mundo antes do mundo das Alices 36

Meu surpreendente
encontro com o Coelho Branco **49**

A chave dourada e a pequenina porta: desbravando horizontes .. 51

Minha jornada na toca do Coelho:
curiosidade, receio, ânsia por explorar 55

Arquitetando o Clube da Alice:
uma comunidade para além do digital 58

Explorando este novo mundo: entre Alices 59
Oscilações no universo das Alices 62
Buscando novas chaves para o Clube da Alice 63

Reverberações do Clube:
representação social, crescimento, desafios e superações 63

O mundo das Alices ganha força em sua credibilidade e em sua razão de ser . . . 68

Paulo a me acompanhar sempre: meu companheiro e mentor 71

Colhendo mais aprendizados no e para
o mundo das Alices: entre mitos e realidade 74

Um colar de miçangas: entre Alices e suas histórias 85

Então, vou lhe contar um pouco sobre nossas aventuras 119

Como tudo começou 120
Ação do Clube da Alice 121

2014 123
2016 123
2017 124
2019 126
2020 127
2021 129
2022 130

Algumas das nossas histórias marcantes: *cases* de transformação 137

Conexões transformadoras 153

Referências 234

Quem somos 235

Bônus 236

Prefácio

Conhecer Mônica Berlitz foi uma dessas coisas incríveis que acontecem na vida da gente. Era 2019 e eu tinha acabado de entrar na Meta (antes Facebook). Precisava conhecer melhor o ecossistema de comunidades online no Brasil e, em particular, estava interessada em comunidades de impacto para levar para uma mesa redonda com nossa liderança. Abri o aplicativo do Facebook e comecei a navegar, buscando grupos com palavras-chave, até que cheguei no **Alice Empregos**. Achei interessante: um grupo de empregos para mulheres, com dezenas de milhares de membros, alto número de postagens por dia, descrição e regras claras. Entrei em contato com a administradora e ela me respondeu em seguida, um pouco incrédula: "É verdade mesmo que você trabalha no Facebook?". Marcamos uma videoconferência e o impacto da Mônica em mim foi imediato. O que ela me descreveu era exatamente o que eu estava procurando e, na realidade, a razão pela qual eu havia me juntado ao Facebook. **Alice Empregos** era apenas um dos nove grupos do **Clube da Alice**, uma comunidade extremamente engajada, com mais de 550 mil mulheres em Curitiba e região, as quais apoiavam-se mutuamente de maneira profunda e transformadora. Chorei, ri e me conectei profundamente com aquela mulher sorridente e acolhedora que estava do outro lado do vídeo.

De história em história, conheci um pouquinho daquele "País das Maravilhas" que é o **Clube da Alice**. Um lugar onde é possível confiar no outro, onde estender a mão ou abrir os braços são movimentos comuns e corriqueiros, onde é possível descobrir o mundo e se abrir para o mundo, pedir ajuda, criar empresas, transformar vidas. Naquele dia e nos dias que se seguiram, conforme eu conhecia melhor a Mônica e o **Clube**, ouvi e presenciei muitas histórias que não vieram de contos de fada, mas poderiam: da Alice que perdeu uma aliança na praia, postou no grupo sobre e teve a joia encontrada (e devolvida) por outra; da Alice que compartilhou que estava se recuperando de um câncer e precisava de motivação para caminhar pela manhã, conforme recomendação médica, e no dia seguinte teve um grupo de mulheres aguardando na sua porta para uma caminhada matinal, que se repetiu por mais de um ano até sua recuperação; da Alice que perdeu o emprego, começou a vender doces no grupo e hoje tem uma famosa confeitaria; das muitas Alices que foram contratadas ou recomendadas por outras Alices para posições de confiança com base no laço de comunidade entre as mulheres do grupo; das centenas de empresas que foram geradas, incubadas e aceleradas naquele ambiente acolhedor e divertido; mas, mais do que isso, das histórias e mais histórias de mulheres cujas vidas tinham sido transformadas por esse grupo.

Aliás, além de experimentar a relevância das comunidades virtuais no nosso dia a dia, pudemos comprovar seu poder com uma pesquisa global, realizada pelo Facebook em parceria com o Governance Lab, da Universidade de Nova York, com 15 mil participantes em 15 países, publicada em fevereiro de 2021. Setenta e sete por cento das pessoas entrevistadas disseram que a comunidade mais importante de que fazem parte opera online (86% no Brasil), e uma em cada três declarou se sentir mais confortável compartilhando seus sentimentos e perspectivas com uma comunidade virtual do que com familiares e amigos. De tudo o que se pode fazer online, construir e participar de comunidades, sem dúvida, é uma das atividades mais relevantes e mais inerentemente humanas. E é para ampliar esse impacto das comunidades virtuais e aprender com elas que buscamos apoiar e trabalhar em parceria com diversas comunidades virtuais em todo o mundo. Em 2020, o Facebook lançou seu primeiro programa global de aceleração de comunidades, apoiando um seleto grupo de 77 comunidades ao redor do mundo com recursos e oportunidades de conexão e, como não poderia deixar de ser, o **Clube da Alice** foi um dos escolhidos para participar desse programa.

Mas por que uma comunidade próxima e engajada é um ambiente tão fértil para a transformação em geral e para o empreendedorismo em particular? Penso que uma comunidade como o **Clube da Alice** promove o resgate de muito do que a sociedade contemporânea tem perdido com a distância e o ritmo de vida nas grandes cidades. Em especial, pelo senso de pertencimento, segurança e proximidade entre suas integrantes, o que as impulsiona inclusive a empreender de forma mais efetiva e significativa. Assim, elas e seus negócios, por estarem nesse espaço comunitário, têm a possibilidade de estabelecer uma comunicação com real sentido, desenvolver produtos e serviços que vão ao encontro das demandas e dos anseios dessa comunidade, estreitar o relacionamento com seu público e desenvolver um conhecimento profundo sobre o que ocorre com seus clientes atualizado em tempo real.

Assim como eu, acredito que você, leitor(a), também vai se sentir como a Alice da obra infantil após cair na toca do Coelho Branco, iniciando uma jornada fantástica e apaixonante ao virar cada página de *O jeito Alice de empreender*. E, nesta jornada, vai também se emocionar e aprender muito sobre desenvolvimento de comunidades, empreendedorismo e criação de conexões profundas e relações que geram impacto mútuo; além, é claro, de conhecer melhor os bastidores e a história daquela que, para mim, é uma das mais engajadas e apaixonantes comunidades do mundo, o **Clube da Alice**, que tem sido conduzido por sua fundadora e suas integrantes de forma inclusiva, fundamentada, humana e amorosa – sim, amorosa, pois você não verá uma história contada aqui que não tenha o elemento *amor*. Como disse a Duquesa, em *Alice no País das Maravilhas*: "Oh, é o amor, é o amor que faz o mundo girar!".

Então, aconchegue-se em sua poltrona ou em seu banquinho, prepare uma boa xícara de chá e aceite o convite para conhecer o universo das Alices. Espero que, assim como eu, você identifique algumas das chaves com as quais Mônica abriu várias portas para construir essa comunidade que, por sua vez, tem aberto portas e ofertado chaves a tantas Alices que empreendem e que têm gerado transformações não só em suas vidas, mas na vida de tantas pessoas no Brasil, e servido de inspiração para o mundo.

Boa leitura!

Flavia Goulart

Diretora de Parcerias com Comunidades da Meta para a América Latina (antes Facebook)

Sobre a autora

Empresária, fotógrafa, produtora cultural, comunicadora, entusiasta, criativa, multiplicadora de conhecimentos, projetos, ideias e conexões e de potencial pessoal e empreendedor.

Entre suas mil e uma realizações, Mônica é idealizadora e fundadora do **Clube da Alice**, comunidade que integra o empreendedorismo feminino, a sororidade e a transformação de vidas, da sociedade e do ato de empreender.

A história do **Clube da Alice** se integra com a história de cada Alice, que nele encontra oportunidades diversas, parcerias, relações de desenvolvimento e de crescimento mútuos, acolhimento, estímulo para acreditar em seu potencial e na rede formada por essas mulheres e sentimento de pertencimento.

Introdução

O que uma menina inquieta, criativa, curiosa, tímida e que sempre gostou de histórias tem a ver com uma mulher inovadora, comunicativa, criativa, extrovertida, produtora e empreendedora, que constantemente busca novos caminhos e procura compartilhá-los com outras pessoas por meio de conexões significativas e de sua história de vida?

Essa pergunta é respondida à medida que você se aprofunda no relato biográfico de Mônica Balestieri Berlitz, que o(a) envolverá como em uma conversa intimista, como se você estivesse com ela, na poltrona de sua sala, ouvindo sua história.

A menina nascida em Paranavaí, que convivia de forma muito próxima com a avó, vai (a princípio a contragosto) para Curitiba morar com a mãe, que abria novos caminhos para sua vida, inclusive quebrando tabus. Esses novos rumos também surgiram para Mônica.

Que caminhos foram esses? Como a menina de Paranavaí se adaptou a Curitiba? Sua terra natal ficou "em algum lugar do passado" ou se tornou lugar de abrigo e aconchego junto à avó materna?

Mônica mostra como a menina ávida por leitura continua viva na Mônica adulta, que ama literatura e histórias da vida das pessoas, e por que ela quis entrelaçar essas histórias à sua.

Aliás, as histórias são sempre o núcleo de suas ações, não importa quais sejam, como na produção de suas fotografias (arte que ama), nos eventos que organiza, em suas relações pessoais, no empreendedorismo, na mentoria que realiza e na condução da comunidade **Clube da Alice**, que mescla o empreender, o compartilhar histórias de vida e de empreendedorismo, a troca de experiências e a sororidade.

Alice?! Sim, a personagem Alice, de *Alice no País das Maravilhas*, de Lewis Carroll, a qual Mônica leva consigo por admirar tanto sua personalidade quanto sua coragem e imaginação, que larga o seu mundo conhecido e segue um apressado Coelho Branco, aventurando-se – explora, questiona, experimenta, teme, aprende – em um mundo desconhecido, com lógica própria: o País das Maravilhas.

Você já se sentiu como Alice e Mônica em sua vida, nas mudanças que ela desenha, nos novos rumos que surgem e que você busca? Que histórias você leva consigo? Quem o(a) acompanha? Quais são as suas escolhas e em que elas estão baseadas? Como você vê e interage com o mundo? É impossível que você não reflita sobre essas questões suscitadas pela narração de Mônica, olhando para a sua própria história.

Ao acompanhar o relato, você não só conhecerá pontos da trajetória da autora, como também olhará para a sua própria caminhada. E, se você igualmente se identificar com a Alice da obra infantil e/ou com as Alices que integram o **Clube da Alice**, essas e outras questões e a narrativa de Mônica irão reverberar sentido, percepções e sentimentos em você.

E por falar em sentido...

Uma das frases que Mônica traz para o seu relato, que vai ao encontro do que ela acredita e que faz parte de *Alice no País das Maravilhas*, tem tudo a ver com esses questionamentos e com a forma que eles podem ecoar em você:

"— E a moral disso é: 'Cuide do sentido, e os sons das palavras cuidarão de si mesmos'"[1].

---

1 CARROLL, Lewis. **Alice no País das Maravilhas**. Tradução: Nicolau Sevcenko. São Paulo: Cosac Naify, 2009. p. 106.

Afinal, é preciso que haja sentido no que você faz, pensa, sente e busca; do contrário, tudo fica vazio, como declara Mônica de forma recorrente e coerente ao narrar sua história, que se conecta com várias outras, inclusive com a sua, leitor(a).

Esse registro memorial e afetivo é uma oportunidade para que você conheça melhor não só a Mônica como idealizadora do **Clube da Alice**, mas também a história, os valores, as características, os princípios, a trajetória e a missão dessa comunidade que se propõe a fazer a diferença na vida e no empreendedorismo de cada Alice que a compõe, estabelecendo conexões que, por sua vez, são revertidas em coisas boas, em transformação da comunidade e de cada Alice.

Você já percebeu que recorremos a alguns recortes da nossa história para falar de nós mesmos quando crianças ou adolescentes?! Como se estivéssemos folheando um álbum de fotografias (e eu as amo!), que evocam pequenas narrativas e puxam fios que as interligam, revelam detalhes e as nossas transformações, como crisálidas que somos, a cada ciclo, a cada fase da nossa vida.

Por falar em crisálida, eu me lembrei da lagarta Absolem, de *Alice no País das Maravilhas*, que, *acompanhada* de seu narguilé e de sua sabedoria, faz questionamentos existenciais a Alice, como podemos ver no trecho da obra:

– Quem é você?

Não foi um modo muito encorajador de começar a conversa. Alice respondeu, um pouco acanhada:

– Eu... Eu neste momento não sei muito bem, minha senhora... Pelo menos, quando acordei hoje de manhã, eu sabia quem eu era, mas acho que depois mudei várias vezes...[1]

Penso que começar a lhe contar algumas nuances sobre mim da minha infância e adolescência, a partir do diálogo entre os personagens dessa narrativa literária, que sempre me instiga e me encanta (não importa quantas vezes eu a leia!), seja bastante significativo e o(a) aproxime, leitor(a), um pouco mais da menina chamada Mônica. Isso por dois motivos...

Um deles tem a ver com a resposta de Alice a Absolem porque, desde pequena, eu me reconheço como alguém que mudou (e que continua a mudar) várias vezes, movida pela inquietude, pela curiosidade e, claro, pelas (re)descobertas. Sabe que lembrar de Alice e da lagarta me levou a outro texto que também fala sobre as constantes mudanças pelas quais passamos?! Lembro-me, em especial, de duas estrofes do poema *Traduzir-se*, escrito por Ferreira Gullar:

---

[1] CARROLL, Lewis. **Alice no País das Maravilhas**. Tradução: Nicolau Sevcenko. São Paulo: Cosac Naify, 2009. p. 53.

> Uma parte de mim
> almoça e janta;
>
> outra parte
> se espanta.
>
> Uma parte de mim
> é permanente;
> outra parte
> se sabe de repente.[2]

O outro motivo se relaciona com o gosto pela leitura, que veio muito da minha mãe, desde que eu era menininha. Ela me dava muitos livros de presente e me incentivava a ler. Desde então, eu me envolvo e me encanto com histórias, porque elas nos levam para o terreno em que o possível e o impossível se encontram de forma natural, em que o fantástico se torna real de modo verossímil, em que a transformação está sempre presente, em que o humano e o etéreo são facilmente percebidos, e tantos outros elementos que compõem o profundo e mágico universo das narrativas, sejam as literárias, as da tradição oral ou ainda as narrativas que compõem as histórias de cada um de nós.

Esse envolvimento com os personagens das narrativas que eu lia (e leio ou ouço) era tão intenso que eu as vivia (e as vivo). Essa característica da menina permanece muito forte na Mônica adulta, pois sou aquela que sofre quando o livro acaba ou quando termina de assistir a todas as temporadas de uma série. Talvez você também sinta isso. Sabe aquela sensação de vazio?!

Quando menina, eu tinha o hábito de ler o mesmo livro várias vezes para encontrar mais detalhes sobre os personagens. Isso me encanta até hoje e, é claro, esse hábito me acompanha, pois amo conhecer melhor cada personagem e conversar sobre eles com outras pessoas – acho que não sou só eu, não é?! – para compreender melhor algum aspecto desses seres, ficcionais ou não (suas atitudes, seus comportamentos etc.), o que me possibilita criar uma relação grande e próxima com eles e viver sua história.

---

2 GULLAR, Ferreira. **Na vertigem do dia**. São Paulo: Companhia das Letras, 2017. p. 30.

É maravilhosa esta troca de olhares e de interpretações, pois é possível perceber como cada leitor consegue ir além em sua leitura, trazendo seus repertórios a partir da sua recepção da história.

Para você ter uma ideia de como viver a leitura é algo tão natural e necessário para mim até hoje, eu vou lhe contar sobre como li a saga Harry Potter. Eu gosto muito de toda a coleção e eu a lia em tempo real, digamos assim – conforme eram lançados os livros. Havia muitas pessoas lendo esses livros e isso foi maravilhoso, pois tinha com quem conversar sobre os personagens, a trama, os conflitos, as atitudes, as reviravoltas, o mágico... Enfim, eu me envolvi tão intensamente com os livros e com a troca de ideias com as pessoas que também os liam que eu vivia a história em todos esses momentos de compartilhamento.

Ah! Deixe-me revelar mais um detalhe da minha história de infância e que está presente na minha vida adulta (acredito que possa ser uma curiosidade sua): a personagem Alice. Bem, das histórias da literatura infantil, ela sempre foi a mais intrigante para mim, por ser uma personagem totalmente diferente das que eu conhecia nos contos de fada. E isso não só porque há o elemento fantástico na narrativa, mas, sim, pela personalidade de Alice: curiosa, inteligente, observadora, questionadora, criativa e, claro, corajosa. Entre tantas coisas que Alice simboliza, ela nos traz várias características da criança que fomos e que está em nós, como a curiosidade, a imaginação e a criatividade.

Não sei você, mas eu entendo que *Alice no País das Maravilhas* é uma narrativa mais para adultos do que para crianças, tanto por sua profundidade quanto pelos temas e questionamentos que dizem sobre a vida e o ser humano, como as diversas questões existenciais presentes na trama e na própria personagem Alice.

OS NOVOS RUMOS DA *tímida menina*

Agora que você já conhece esses aspectos sobre mim e sobre minha infância, quero lhe contar um pouco mais da minha história.

Eu sou "bicho do Paraná". Nasci em Paranavaí e, aos 7 anos, quando meus pais se separaram, fui morar em Curitiba com minha mãe. E qual foi o motivo dessa mudança de vida? A minha mãe quis muito estudar e, para isso, ela teve que fazer todo um movimento em busca do seu propósito, o que incluía ir para Curitiba.

Minha mãe, Pedra Aparecida Bucci, casou-se muito jovem, tinha apenas 17 anos. Meu pai, Antônio Leovegildo Balestieri, já era um pouco mais velho que ela e tinha sua vida profissional encaminhada. A minha família tinha serraria no Mato Grosso e minha mãe foi morar lá com meu pai, em uma vila de serraria.

Embora minha mãe já tivesse vivido em uma cidade do interior, Paranavaí, morar na vila de serraria era ainda mais difícil em virtude de suas limitações e dificuldades de acesso, que não eram poucas. Ela me contava que, quando estava grávida, teve vontade de comer morangos, por exemplo, e não foi possível, pois não chegavam até lá; o mesmo ocorreu com outros produtos que ela tinha vontade ou precisava. O acesso ao lugar era muito difícil. Se chovesse, por exemplo, as pessoas que estivessem em trânsito demoravam até dois dias para chegar no lugar desejado, por conta das condições da estrada após a chuva. Ou seja, tudo parado.

Na vila, moravam a minha mãe e os funcionários da serraria. Como ela poderia estudar em condições como essas? O sonho da minha senhora Pedra era estudar Psicologia e, assim, ter sua profissão. Então, você pode perceber que o casamento de meus pais não teve outro caminho possível a não ser o da separação, pois cada um tinha as suas próprias buscas, embora tivessem uma vida em comum.

Essa fase foi bastante desafiadora para minha mãe porque, 48 anos atrás, o processo de separação não era nada fácil. Ela precisou enfrentar muita coisa para se separar, pois as leis e a sociedade eram bem diferentes do que são atualmente. Após a separação, a minha mãe mudou-se para Curitiba para cursar Psicologia e eu fiquei morando com minha avó, dona Alzira, em Paranavaí.

Contudo, minha mãe queria que eu fosse morar com ela, mas essa não era a minha vontade nem a minha opção. Não querer deixar a casa da minha avó não era capricho ou mera oposição à minha mãe, mas uma escolha consciente, um desejo muito forte: eu não queria ir de jeito nenhum! Se a minha mãe tivesse me deixado ficar, com certeza eu não teria vindo para Curitiba, pois eu gostava muito de viver com a minha avó.

Quem não gosta de casa de vó e da vida no interior, não é?! Eu aposto que você compreende bem o que eu senti e o porquê da minha escolha. Na minha memória, eu tenho muito claro o quanto foi sofrido para mim sair do interior e deixar a casa e a companhia da minha avó, com quem eu estava vivendo havia aproximadamente dois anos, que foi o período que minha mãe levou para reorganizar sua vida na nova cidade.

Já com a vida caminhando em Curitiba – trabalho e estudo –, minha mãe insistia para que eu fosse morar com ela, mas eu estava decidida a não ir. Então, ela brigou, brigou, brigou até me trazer para morar com ela e eu tive de ir me adaptando a Curitiba, à nova escola, a tudo. E você acha que eu deixei Paranavaí e a minha avó para trás? Jamais! Nem pensar!

Era impossível eu me esquecer de Paranavaí ou da minha avó. Sempre que eu tinha oportunidade, como em um feriado ou nas férias, lá ia eu para a rodoviária. Quando a aula terminava na sexta-feira, à noite, eu já embarcava para a minha cidade. Eu amava ir para lá! Nem preciso dizer que cada retorno para Curitiba era uma choradeira daquelas, porque eu não queria deixar a casa da minha avó de jeito algum. E assim eu prossegui até os meus 10, 12 anos. Nossa! Eu queria muito ter ficado lá! Desde que eu era muito pequena, estabeleceu-se uma ligação muito forte entre mim e minha avó – eu voltarei a falar dela para você. Ela tem um papel muito especial e importante na minha vida e na pessoa que sou.

Eu tinha entre 6 e 7 anos de idade quando cheguei em Curitiba e comecei a cursar o primeiro ano do que é, hoje, o Ensino Fundamental, no colégio Divina Providência. Dessa época, me lembro do ritmo da nossa vida. Minha mãe trabalhava durante o dia e estudava à noite, por isso eu passava muito tempo com a moça que a auxiliava nos serviços da casa.

Quando ocorria de minha mãe ficar sem alguém que a ajudasse em casa, eu ia com ela para a faculdade. Inclusive, as amigas da minha mãe falam até hoje que eu fiz o curso com a minha mãe, pois eu ficava com ela nas aulas.

Isso só foi possível porque não havia problema algum quanto a uma criança estar em sala aula acompanhando a mãe universitária, como há hoje. Assim, minha mãe acompanhava as aulas e eu ficava envolvida com meus desenhos, com minhas coisas, pois eu já gostava muito do lado artístico. E por falar nisso...

Eu tocava piano nessa idade e costumava fazer um show em casa para as amigas da minha mãe, quando elas iam estudar juntas. Eu organizava tudo: o repertório, o local do show e a bilheteria. Sim, a minha apresentação tinha bilheteria! Eu cobrava o ingresso na porta para que, então, elas entrassem na sala, onde eu faria a minha apresentação, que era concebida em todos os seus detalhes. Eu também montava uma exposição dos meus desenhos. Veja só, além do lado artístico, eu já levava comigo o empreendedorismo, mesmo sem saber o que era isso.

Como você pode perceber, eu sempre fui uma criança muito ligada ao mundo artístico, a criar arte e a me envolver com tudo que faz parte desse universo, mas eu fui uma menina muito, muito tímida. Quando eu digo isso, as pessoas ficam surpresas e não acreditam, porque não acham que isso tenha sido possível. Porém, eu fui, sim, uma criança extremamente tímida.

Para você ter noção do quão tímida eu era, pense naquela criança que fica escondidinha atrás da calça da mãe – essa era eu. Assim eu me escondia, além de ficar agarrada, grudada na minha mãe. Sabe como? Eu não era assim só com quem eu não conhecia direito, mas com todas as pessoas com as quais eu não tinha uma convivência diária e próxima. Eu não conseguia me soltar nem com as minhas primas quando estávamos na casa da minha avó. Elas me chamavam para brincar e eu não ia, não conseguia, de tão tímida que eu era.

Eu sei que você gostaria de me perguntar: "Ok, Mônica, mas quando isso mudou?". Olha, não sei lhe dizer exatamente, mas eu me lembro muito bem de como ser assim foi sofrido para mim. Ora, as pessoas falavam comigo, eu queria responder, tinha vontade de interagir, queria brincar, mas não conseguia. Havia uma barreira muito forte.

ENTÃO, A *extrovertida adolescente* VEIO À TONA

Embora eu não consiga identificar exatamente quando surgiu a Mônica extrovertida, posso lhe dizer que a Mônica adolescente, vivendo em Curitiba, foi bem diferente da criança, pois eu era terrível. O extremo oposto da menina que fui.

Eu era terrível na escola... Eu não conseguia me concentrar, achava tudo um "saco". Para você ter ideia, eu não tenho boas lembranças dessa fase escolar. Sabe quando as pessoas (é bem provável que você também) dizem: "Ah! Que delícia o período escolar! Ah, o professor tal! Eu adorava a disciplina x..." Para mim, não foi e não é assim. Eu não tenho a menor saudade desse período. Aliás, eu odiava o colégio. Eu gostava, sim, da parte "social", dos eventos culturais promovidos nele. Eu sempre estava envolvida com o grêmio estudantil, com o teatro, enfim, com toda a parte cultural da escola, mas esse envolvimento não ocorria com as aulas porque, para mim, elas eram um terror, algo muito complicado.

É claro que você pode me imaginar como a adolescente festeira. Sim, eu fui. Eu vivia nos eventos, participava de mil e uma coisas, eu nunca chegava na hora certa em casa, porque eu sempre estava querendo ficar mais nas festas. Por conta disso, a minha mãe vivia no meu pé, claro. Eu só não apanhava, mas levava cada bronca...

Sem dúvida, não havia mais nem sombra da menina tímida que fui. Nessa fase, eu tive muitas amigas e participava de vários grupos – olha aí os grupos! Estar envolvida com eles já veio comigo da adolescência.

Aqui, eu quero abrir parênteses para compartilhar uma reflexão minha com você. Ao lhe contar, mesmo que de forma breve, como a menina tímida se transformou na adolescente sociável e extrovertida, lembrei da personagem Alice novamente, quando ela, em sua incursão ao País das Maravilhas, após atravessar uma de suas portas, está diante de um corredor muito estreito e pondera se conseguirá atravessá-lo, e o narrador diz ao leitor: "Como se vê, tantas coisas extraordinárias vinham se passando, que Alice começou a pensar: muito pouca coisa era realmente impossível"[3].

Muito cedo compreendi que, em nossa trajetória de vida, passamos por situações, fatos, necessidades, dificuldades, desafios e oportunidades que nos transformam e, nesse caminhar, percebemos que aquilo que nos parecia impossível, inatingível, de repente, faz parte de nós.

Tudo em nossa vida é construção – somos o resultado do que vivemos, das pessoas com quem convivemos, do que aprendemos, do que e como sentimos e do que realizamos. Isso tudo contribui para sermos quem somos e para desenvolvermos o nosso trabalho, para buscarmos o que almejamos e para sermos melhores a cada dia.

EU E MINHA AVÓ: *minha mentora, meu exemplo*

Vou pegar o gancho da minha reflexão até aqui, a qual me levou a rememorar minha avó novamente, para lhe contar um pouco mais sobre ela. Assim, você compreenderá o porquê da minha proximidade, da minha admiração e do meu amor por essa mulher que sempre foi e continua sendo um exemplo muito forte para mim.

Minha avó era costureira e fazia vestidos de noiva. E como ela era apaixonada pelo trabalho que fazia! Ela também tinha um lado social muito forte, tanto que sua casa era o lugar para onde todos da cidade recorriam, não importava o que tivesse acontecido. Por exemplo, se morria alguém e a família não tinha condições de comprar um caixão, era para a casa da minha avó que as pessoas se dirigiam para buscar ajuda. Qualquer emergência para qual as pessoas não tinham alguma forma de amparo, era

---

[3] CARROLL, Lewis. **Alice no País das Maravilhas**. Tradução: Nicolau Sevcenko. São Paulo: Cosac Naify, 2009. p. 16.

na minha avó que elas o buscavam. Eu me lembro de um fato bastante marcante nesse sentido: certa vez, uma mulher bêbada e mãe de uma criança de colo caiu no asfalto quente e derrubou o bebezinho recém-nascido. A mãe foi encaminhada para tratamento e o juiz tirou dela a guarda do bebê. Como a criança não tinha um lugar para morar, ela ficou, claro, na casa da minha avó.

A disposição e o prazer da minha avó para o trabalho social, para amparar o próximo, eram tão grandes que foi ela quem levou a Pastoral da Criança para Paranavaí. Ela vivia muito para a Pastoral, ou seja, atuava de forma ativa em seus projetos e ações sociais. Além de tudo o que já fazia e em que se engajava, minha avó ainda arranjava tempo para ser catequista na igreja da cidade. Ela era fenomenal!

Até hoje, dona Alzira é minha referência inclusive nisso, pois eu sempre me lembro dela quando as pessoas dizem para mim com espanto: "Nossa, você faz tanta coisa! Como dá tempo para tudo isso?!". É inevitável pensar que, ao me dizerem isso, as pessoas não têm ideia de quem foi a minha avozinha e do que ela era capaz.

Ela realmente foi uma pessoa muito iluminada, admirável e com uma sabedoria impressionante. Identificá-la, reconhecê-la dessa forma é tão forte e natural para mim que ela permanece dessa forma em mim, como ocorre quando estou em situações em que tenho alguma dúvida, algum receio. Eu logo penso em como minha avó agiria, como ela resolveria a situação.

Então, agora, você pode compreender melhor o porquê de eu querer muito ficar com ela, o porquê de ela ser uma influência muito forte para mim, o porquê de ela ser uma referência para mim como pessoa e como mulher. Aliás, eu venho de uma família com mulheres muito fortes, como minha avó e minha mãe. Até hoje, eu fico imaginando a coragem da minha mãe em enfrentar tudo na busca por sua realização pessoal e profissional: vir para Curitiba, formar-se em Psicologia (profissão que exerce até hoje) e me criar. As mulheres da minha família paterna também são muito fortes, muito ativas e fortemente ligadas ao terceiro setor.

Assim sendo, isso é muito natural para todos da família. Daí muitas vezes eu não entender bem o porquê de as pessoas me dizerem espantadas ou surpresas que estou sempre disposta a ajudar e querendo sempre inserir uma ação social nos diversos trabalhos, projetos e ações que concebo e em que atuo. Isso veio de forma tão orgânica da minha família para mim que não percebo ou sinto o ajudar, a ação social, como algo extraordinário, mas, sim, como algo natural, que faz parte da minha história e de mim.

Ao narrar esse detalhe para você, eu me dou conta novamente de como eu sempre estive, estou e faço parte de uma rede de conexões que me impulsionou e impulsiona a estar e a agir no mundo e com as pessoas (e com suas histórias) da forma como tenho feito e buscado em tudo a que me dedico e realizo. Eu me identifico muito com o que escreveu o poeta moçambicano Mia Couto: "Porque dentro de mim, não sou sozinho. Sou muitos"[4]. Acredito que, ao olhar para você e sua história, você também identificará as suas conexões, as presenças e as histórias que povoam e fazem parte de você e de sua história de vida, pois todos nós as temos.

A minha avó é a presença especial, forte e muito significativa entre as que trago comigo e que fazem parte da mulher que me tornei. Eu a sinto e a identifico como a minha grande mentora. Aliás, sou uma pessoa felizarda, pois tenho mais um mentor muito especial que me acompanha – e logo falarei dele –, mas a minha avó é muito presente mesmo não estando mais neste plano da vida: nas minhas dúvidas (como já lhe contei), quando preciso encontrar um caminho e nas minhas palestras, como fonte de inspiração, sabedoria, amorosidade e como parte das minhas raízes. Tanto é verdade que tenho pensado em levar uma foto dela nas palestras para as pessoas a conhecerem. Enfim, ela é minha mentora de vida, levo-a comigo.

Isso me faz lembrar novamente de um trecho de *Alice no País das Maravilhas* que mexeu comigo e que tem a ver com os significados, com o que e quem levamos conosco, em nós. É parte do diálogo de Alice com a Duquesa, no qual esta lhe revela a moral sobre o que vinham conversando:

---

[4] COUTO, Mia. **Vozes Anoitecidas**. Lisboa: Editorial Caminho, 2008. p. 75.

"E a moral disso é: 'Cuide do sentido, e os sons das palavras cuidarão de si mesmos'"[5]. Assim ocorre com relação a minha avó – seus ensinamentos, seu modo de ser, suas palavras e sua sabedoria ecoam em mim e eu acolho e ouço com o devido cuidado os seus sentidos, os seus significados.

O MEU MUNDO ANTES DO *mundo das Alices*

Além de curiosa e inquieta, eu sempre fui uma buscadora. Isso você já deve ter percebido pelo que já lhe contei sobre mim, não é?! Amo fazer coisas diferentes, explorar novos lugares, adoro viajar e conhecer novos espaços, pessoas e culturas, e me encanta descobrir novas áreas do saber e projetos em que posso atuar e me envolver. E como eles são múltiplos!

Tudo que desperta o meu entusiasmo, a minha criatividade e me permite ser espontânea me instiga a explorar novos rumos. Eu vou lhe contar alguns deles: uma das minhas grandes paixões, desde a adolescência, é a fotografia e, claro, esse foi um dos meus caminhos. Até que isso acontecesse, a fotografia ficou "guardada" em alguns ciclos da minha vida. Você entenderá melhor o porquê.

Eu cursei Jornalismo, comecei a empreender de forma mais efetiva e me casei. Ah, eu cheguei a iniciar o curso de Ciência da Computação, pois era a "profissão do futuro", mas logo o abandonei por não ter me identificado com a área. Aliás, era óbvio – menos para mim, na ocasião – que eu não iria me adaptar ao curso. Então, migrei para Administração, em que aprendi muito e reconheci algumas das minhas aptidões.

Na minha trajetória como empreendedora, já tive uma franquia de academia e também fui, por um tempo, representante de uma marca exclusiva de cosméticos, a Vita Derm, que conheci por meio do meu trabalho na franquia, empreendimento em que eu e minha mãe fomos sócias. Durante 15 anos, administrei quatro lojas da Vita Derm.

---

[5] CARROLL, Lewis. **Alice no País das Maravilhas**. Tradução: Nicolau Sevcenko. São Paulo: Cosac Naify, 2009. p. 106.

A franquia consistia em um sistema de ginástica sem esforço, voltada para o público feminino. O anseio por esse novo empreendimento me veio em meio a novas inquietações, buscas e ideias (como sempre!) e em um momento especial da minha vida pessoal, pois eu estava noiva do meu marido Paulo e íamos nos casar em breve.

Nós nos casamos e, um tempo depois, me tornei mãe. Sabe que a maternidade era algo distante para mim? Eu não me via nesse papel. Me casei, mas ainda não tinha parado para pensar em ser mãe.

Eu estava casada fazia um ano e me lembro que comecei a fazer uma dieta – isso já faz uns 26 anos – que eu adorei! Eram uns pozinhos que eu tomava no lugar das refeições e também havia chás no kit. Eu achei maravilhoso! Quando eu comprei o segundo kit, comecei a sentir enjoo, passar muito mal a ponto de não conseguir olhar para aquele pó. Nossa, eu sentia um enjoo daqueles! Então, fui ao médico e ele me deu uma bronca, dizendo que eu ficava tomando essas coisas, que meu fígado estava superinchado. Ele falou, falou e me mandou fazer vários exames. E o que era? Eu estava grávida! Fígado inchado nada! Eu estava enjoando por causa da gravidez, imagine só.

Eu estava fazendo dieta e grávida! Eu me lembro que levei os exames ao médico e saí da consulta apavorada, pois, como eu disse, eu e o Paulo estávamos casados havia um ano, a gravidez ainda não estava nos meus planos e o médico me encheu de proibições. Então não foi só a notícia que me deixou assim, mas a forma como eu fui situada na minha nova condição de vida.

Eu me lembro que o médico disse que eu teria de mudar toda a minha dieta e imediatamente começaram as restrições: "Você não pode mais comer isso, não pode comer aquilo... Você não pode mais fazer isso e aquilo... Você não pode mais tomar refrigerante". Eu que era (e sou) a louca da Coca Zero! Eu ainda estava emocionada com o resultado do exame, então, naquele momento, eu só queria que o médico falasse para mim que estava tudo bem, que ia dar tudo certo. Eu saí do consultório com uma lista do que eu não poderia mais fazer e chorando, chorando. Eu pensava com os meus botões no que eu iria fazer da minha vida, já que eu não podia mais fazer nada.

A gravidez foi evoluindo e eu não me achava, não me identificava com médico algum. Eu fazia exame com um, com outro... Até que a minha mãe falou que eu precisava ter um médico que me acompanhasse. Felizmente, eu achei um médico que eu amei e que foi a salvação da minha vida. Lembro que ele me dizia: "Traga todas as suas dúvidas e não pergunte nada a ninguém. Eu é que sou o seu médico e eu é que respondo as suas dúvidas, ok?!". Ele foi ótimo e começou a me explicar sobre vários aspectos da gravidez, como hormônios, depressão pós-parto, o que eu iria sentir e como o processo era assim mesmo, o que era normal... Assim, ele foi me dando uma confiança que foi sensacional!

Quando a Maria Eduarda nasceu, eu me questionava: "Como, até então, eu não tinha pensado em ser mãe?!". Isso porque eu virei uma supermãe, a maternidade teve (e tem!) tudo a ver comigo. Eu fazia tudo sozinha! Eu amamentava... eu fazia tudo. Tanto que eu dispensei a ajuda de minha mãe já no segundo dia. Imagine só! Então, para mim, a maternidade foi maravilhosa! Nossa, como eu tenho saudades daquele tempo em que Maria Eduarda era pequenininha.

Eu vivi todas essas fases, só que, na época, eu trabalhava muito, pois eu já tinha a distribuidora de cosméticos (a Vita Derm) também e, por isso, eu tinha de viajar bastante por causa das reuniões em São Paulo. Sendo assim, eu tinha de deixar a minha filha. Isso me levava a pensar em por que eu iria ter outro filho, se eu já tinha de deixar a Duda por causa do meu trabalho. Ah! Nessa mesma época, eu e minha mãe ainda éramos sócias na franquia de academia.

Mesmo com essas pequenas ausências, eu vivi todas as fases da Duda: a fase da babá dentro de casa e do medo que eu sentia em ir trabalhar e deixar a minha filha; a fase da babá que ia comigo para o trabalho; a fase das meninas que trabalhavam comigo na academia me ajudarem a cuidar da minha pequena; a fase da casa da sogra; da casa da outra babá; da escolinha em período integral... Então, eu vivi todos os dramas da maternidade. E, apesar de algumas dificuldades, isso tudo foi muito legal!

Uma lembrança gostosa desse período: a Duda era bebezinha e eu a levava comigo para a academia. Então, todas as meninas a conheciam, tanto as que trabalhavam comigo e que me ajudavam a cuidar dela, como mencionei, quanto as clientes da academia. Era até engraçado, pois a Duda viveu tanto nesse meio, que bastava entrarmos no carro para ela dizer: "O sol! O sol!". Ela tinha pavor do sol. Era preciso fechar o caro todo porque ela ficava desesperada se pegasse sol. Eu achava isso bem estranho. Até que um dia, ela falou (do jeitinho dela, pois nem falava direito ainda) que o sol dava "uga". Isso porque ela escutava a médica, que era uma das clientes da academia, falar que o sol dava rugas. Olha só!

A Duda aprendeu a andar se segurando na maca dessa médica. Ela gostava tanto dela que ficava comigo na consulta. Um dia, nós estávamos passando na frente de uma maternidade e a pessoa que me acompanhava disse que a "tia Quel", a médica, fazia os bebês nascerem naquela maternidade. Então, a Duda respondeu: "A tia Quel é mintiosa.". E eu já falei: "Credo, Duda, não pode falar assim! Por que você está falando isso?". Duda prontamente me respondeu: "Porque a tia Quel não faz neném nascer, ela é médica de bustoque." Eu ri na hora! "Bustoque" era Botox. Eu fico imaginando a história que a Duda criou na cabeça dela!

Nem preciso dizer que Duda era muito criativa, pois você já percebeu, certo?! Na pré-escola, logo que ela entrou, ela já ia superbem até que, um dia, começou a chorar e dizia que não iria mais para a escola e eu não sabia o porquê. Eu tinha escolhido uma escola pequena por conta da forma como conduziam a formação das crianças. Até porque essa também foi uma orientação da minha mãe, que é psicóloga infantil. Nós tínhamos duas clientes da academia que eram as proprietárias dessa escola onde matriculei a Duda e elas já conviviam com a minha mãe e com a Duda. Então, existia uma ligação e a minha filha foi para a escolinha se sentindo em casa, pois já conhecia as meninas.

Nossa! Estava tudo uma beleza! Até esse dia do choro e de ela afirmar que não iria mais porque tinha medo da escola. Eu perguntava do que ela tinha medo, mas ela não dizia. Aí, o que eu tive de fazer? Comecei a pagar uma menina – da qual Duda gostava muito – para ficar com minha filha na escolinha, por causa desse medo dela, para ver o que acontecia. Ela me relatava que não acontecia nada, que era tudo ótimo. Até que um dia, nós entendemos o que era!

Na escola, começaram a falar do coelho da Páscoa e que ele iria até lá. A Duda se apavorou, pois ela não entendia o que era o coelho da Páscoa. Sei lá o que ela imaginou. Aí, fomos trabalhando isso com ela, trazendo o personagem e explicando que ele não fazia mal, até que ela começou a gostar da história. Eu lembro que bordei (olha aí mais uma coisa que você ainda não sabia sobre mim) um coelho em ponto cruz com a ajuda de uma vizinha que tinha uma loja de armarinhos e que começou a me ensinar a bordar. Eu fiz um quadrinho com o bordado, que ficou na escola por muitos anos.

A Duda era muito apegada a mim, pois eu a criei de forma muito próxima. Eu me lembro muito bem da primeira festa junina na escolinha, quando ela ainda estava na pré-escola. Lá estava a Duda, toda bonitinha, arrumadinha, indo para a escola. Chegando lá, ela bateu firme o pé dizendo que não queria dançar. Eu pensei: "Meu Deus do Céu, essa menina... O que estou fazendo de errado? Eu a criei tão apegada...". A partir desse dia, eu comecei a colocá-la em várias coisas ligadas à arte, como a dança, porque ela precisava começar a se soltar. No mesmo propósito, com o passar dos anos, criei uma cultura nela de que ela tinha de estudar fora – e ela foi!

Eu fui, portanto, aquela mãe que incentiva a busca dos sonhos. Eu realmente criei a Duda para voar. Eu me lembro de quando ela passou no vestibular e só ingressaria na universidade no segundo semestre. Como tenho familiares que moram no Rio de Janeiro, mandei a Duda para lá para fazer um curso de cinema nesse período. Eu a matriculei e ela foi. Imagine, uma menina de 17 anos, morando sozinha no Rio e estudando, fazendo vários cursos. As pessoas diziam que eu era louca por mandar a Duda sozinha para lá, mas eu não entendia dessa maneira, mas sim que eu estava deixando a Duda se preparar, voar, ir em busca dos seus sonhos, da sua formação.

Eu fui essa mãe. Eu achava que a maternidade não era para mim, mas estava totalmente errada. Quando me tornei mãe, eu vivi intensamente e soube deixar a minha filha voar. Eu acho que eu agi na hora certa com ela porque ela era muito insegura. Ela falava "não" para tudo. A Duda era aquela criança do não, mas, depois da minha intervenção, ela passou a fazer aquelas coisas que antes tinha se negado – e ela gostava. Por exemplo, antes, ela tinha pavor de cachorro. Quando via um, saía correndo para se esconder. A Duda foi uma criança muito medrosa e não podemos criar uma criança assim, deixando-a sentir tanto medo. Aí, no Natal, eu trouxe um filhote bem pequenininho de Yorkshire para ela. Quando eu o entreguei para Duda, ela ficou sem reação. Eu me lembro até hoje de nós, voltando para casa naquela noite de Natal – ela numa ponta do banco de trás do carro e o cachorro noutra. Mas, nem preciso dizer que logo ela já estava apaixonada pelo cachorro. Hoje, se deixar, ela pega todos os cachorros da rua.

Quando Duda morou em Buenos Aires, ela adotou dois cachorros e um gato. Agora, pense na mudança dela para Florianópolis, em meio à pandemia, com dois cachorros eu um gato... As companhias aéreas não estavam permitindo. Olha, foi um caos! Nós tivemos que alugar motoristas de Buenos Aires até Uruguaiana, de Uruguaiana até Porto Alegre, e de Porto Alegre até Florianópolis por causa da bicharada da Duda. Imagine a cena!

Ah, esqueci de contar um detalhe dessa parte da história: a Duda estudou cinema porque achou que iria ser documentarista. Então, ela foi para Portugal e ficou trabalhando lá com documentário. Posteriormente, ela foi para Buenos Aires para fazer mestrado nessa área. A ideia dela era entrar para o meio acadêmico. Em princípio, eu estranhei a Duda querer entrar para o meio acadêmico, mas se era isso que ela queria, tudo bem. Porém, em Buenos Aires, ela se descobriu empreendedora. Começou a empreender lá, fazendo pastéis em meio à pandemia. Então, ela parou de fazer o curso e está empreendendo na área de alimentação em Florianópolis. Eu acho que essa, sim, é a área dela.

Quantas vivências maravilhosas e surpreendentes vieram ao me tornar mãe!

Em paralelo a isso, como contei, eu também vivia a excelente experiência da franquia de academia. A franquia foi uma experiência fantástica porque, por meio dela, eu realmente construí o conhecimento sobre o que é empreender – tudo o que envolve esse ato começou a fazer mais sentido para mim –, além de eu amar o que eu estava fazendo e de me dedicar de corpo e alma ao que envolvia minha empresa.

É claro que eu sempre trabalhei muito e me envolvi com meu trabalho. Lembro que, na época da faculdade, eu atuei em várias funções, como por exemplo vendedora de loja. Mas, entre a diversidade (olha ela aí novamente) de trabalhos que exerci, foi com a franquia que eu realmente encontrei o meu caminho no empreendedorismo. Como eu era feliz gerindo esse empreendimento!

Por que foi assim? Porque, além da minha entrega ao empreendimento e do amor com que eu realizava tudo que lhe dizia respeito, eu efetivamente aprendi de que modo esse meu caminho se compunha. Ou seja, compreendi as dores de ter uma franquia, o empenho e o trabalho – apesar de eu sempre trabalhar bastante e de ser uma pessoa dedicada – demandados por sua especificidade e, claro, sentindo a alegria de colher seus resultados, seja em sua rentabilidade, seja na satisfação das minhas clientes.

Para você ter uma ideia de como essa experiência foi enriquecedora: eu e minha mãe abríamos a academia às 7 horas da manhã e a fechávamos só às 22 horas, para podermos atender as clientes que só podiam fazer sua ginástica bem cedo pela manhã ou à noite, após seus respectivos expedientes. Mesmo tendo uma jornada extensa e de muito trabalho, eu me sentia muito feliz e realizada. Claro que isso tudo foi possível porque eu e minha mãe tínhamos uma ótima parceria, o que é extremamente necessário entre sócios de um empreendimento.

Então, outros movimentos vieram... Algum tempo depois, eu e minha mãe não tínhamos mais a franquia de academia, a Vita Derm mudou seu posicionamento no mercado e, por consequência, sua distribuição, além das constantes mudanças em sua forma de atuação. Com isso, eu percebi que tudo já estava caminhando para o fim e, então, pensei: "Gente! O que vou fazer da minha vida agora?".

Bem, na mesma rua onde ficava a minha sede, havia uma loja de roupas femininas. Eu tinha uma amiga que trabalhava lá e eu fui convidada para fazer parte da equipe. Logo pensei que seria algo bom, pois eu gosto de roupa e gosto de gente, então, este poderia ser um caminho. Como a loja estava implementando uma nova forma de atuar, eu me senti um tanto insegura porque, para mim, tudo ainda estava muito confuso.

Então, meu marido, o Paulo, que, além de ser meu grande companheiro, é também o meu outro mentor, disse-me: "Meu Deus, você não precisa sair de uma coisa e já ir para outra! Você está muito ansiosa. Espera, termina esse ciclo, dá um tempo, para então iniciar um novo ciclo". Então, um dia, assim que cheguei em casa, falei para o Paulo: "Acho que eu não vou mesmo iniciar esse trabalho. Sabe o que eu vou fazer? Vou voltar a investir em fotografia".

Olha só como as conexões e os ciclos estão sempre a nos envolver sem nem mesmo termos consciência disso! Tão logo eu percebi que a Vita Derm estava caminhando para o final, eu voltei a estudar fotografia e foi ela que me abriu novos horizontes. Foi por causa da fotografia que eu comecei a utilizar o Facebook. Isso porque comecei a ver como os fotógrafos trabalhavam e qual era a nova realidade. Mas os meandros dessa parte da história eu vou lhe contar na sequência, para que você possa compreender melhor as novas conexões que viriam a se estabelecer.

Neste momento, ainda contemplando essa parte da minha trajetória como empreendedora, eu preciso e desejo lhe deixar claro que essas experiências me trouxeram muito aprendizado sobre o que é empreender, pois nada melhor do que vivenciar o que a vida nos apresenta.

Por que eu lhe digo isso?! Porque, apesar de o empreendedorismo ser algo muito presente na minha história de vida e na da minha família – pois, entre os familiares que tinham uma convivência mais próxima comigo, eu não me lembro de alguém ter sido funcionário de uma empresa privada ou pública, mas, sim, de muitos serem profissionais liberais ou empreendedores –, eu só obtive a real noção e o conhecimento efetivo ao ser empreendedora.

Desse modo, posso lhe dizer sem sombra de dúvidas que, para mim, empreender – e, nesse contexto, também me envolver em ações sociais – sempre foi o caminho. Eu sempre quis realizar o empreendedorismo sem apartá-lo das relações humanas, das ações sociais, das conexões significativas. Claro que isso tudo foi uma construção permeada por vários processos, aprendizados, sentimentos, exigências e, claro, por muita satisfação e amor.

Entendo que toda essa trajetória sublinhada pela diversidade de vivências me propiciou aprendizados, a construção de conhecimentos e a expansão de horizontes, que, desde então, têm me permitido ajudar as empreendedoras. Eu falei em diversidade, não é?! Assim tem sido a minha vida profissional: empresária, fotógrafa, produtora cultural, comunicadora... Até eu chegar na missão que desenvolvo há 8 anos que me dá muita satisfação e por meio da qual, com certeza, você me conhece.

Ah, eu preciso lhe dizer que a minha vida pessoal também é povoada pela inquietação e pela diversidade, como você pôde perceber pelo que já lhe contei sobre mim: o meu envolvimento com as artes (como o teatro, a música, a fotografia), os eventos e os grupos de diversas origens e objetivos; o meu gosto por saber as histórias das pessoas, que nunca se restringiu à minha atuação profissional e sempre foi o fio condutor das minha produções fotográficas (eu só fotografo pessoas, e para isso preciso conhecer suas respectivas histórias, pois isso imprime identidade ao trabalho); e o prazer que tenho em descobrir novos lugares, mas também a alegria que sinto ao voltar aos meus lugares, como aconteceu quando fui com minha mãe de Paranavaí para Curitiba – a minha cidade e a casa da minha avó foram sempre o meu lugar de regresso amoroso.

Como você pode perceber, as buscas e as transformações constantes têm tudo a ver comigo. Aliás, não só comigo, mas com a personagem que tenho trazido ao lhe contar a minha história e pela qual sou apaixonada, que me intriga muito, com a qual me identifico e que você conhece: a Alice. Isso você já sabe, não é?!

Nunca é demais dizer que eu sou uma apaixonada por personagens, por literatura, por histórias... Ah! As histórias! E todas elas: a minha, a sua, a nossa. A história de cada um de nós revela, como escreveu Eliane Brum, que "o ordinário da vida é o extraordinário"[6]. Perceba se não é assim?! O extraordinário habita toda e qualquer vida.

Eu sei, eu sei... eu amo falar, contar histórias, e não é raro eu me enredar nelas e por elas. Então, voltando a mim e à Alice, posso ouvir você me perguntando: "Por que a Alice, Mônica?". Porque ela é uma menina extremamente entusiasta, curiosa, questionadora, aberta a aceitar o diferente, ética e desbravadora.

Ora, ela se aventurou a descobrir um mundo completamente diferente do dela, mergulhando na toca do Coelho Branco, que já não era um animal como o existente no mundo que ela conhecia e, a partir daí, ela foi se transformando, (re)aprendendo, questionando-se sobre si e sobre o que era ou não lógico, enfrentando seus medos, lidando com as sombras (até mesmo as suas) e a luz (inclusive a sua), conhecendo e percebendo a singularidade dos seres desse país (a Lagarta, o Chapeleiro Maluco, a Rainha Má), entre tantas questões que envolveram a sua fantástica e mágica jornada pelo País das Maravilhas.

Desde que me lembro tenho este olhar e esta postura em minha vida: buscar novas áreas e saberes em que eu me identifique para atuar e aprender, criar projetos inéditos, explorar os contextos e conhecer pessoas e a mim mesma, com o intuito de trazer à tona algo bom e positivo. Reconheço que tenho uma percepção diferenciada sobre as pessoas, por querer conhecer como elas são, saber o que as move, ouvir suas histórias de vida e saber seu potencial; eu me interesso e busco muito estabelecer conexões entre as pessoas, o mundo e quem eu sou. Hoje, tenho plena consciência de que sou uma empreendedora nata e empreendo com real valor humano.

Ok, você deve estar aí me questionando: "Mônica, o que tem a ver empreender com a Alice?". Tudo a ver! E lhe explico por que tem a ver: o empreendedorismo não se restringe à implementação de novos negócios; é, sim, ter a postura e a iniciativa de prover transformações – que se

---

[6] BRUM, Eliane. **A vida que ninguém vê**. Porto Alegre: Arquipélago, 2012. p. 105.

Desde que me lembro tenho este olhar e esta postura em minha vida: buscar novas áreas e saberes em que eu me identifique para atuar e aprender, criar projetos inéditos, explorar os contextos e conhecer pessoas e a mim mesma, com o intuito de trazer à tona algo bom e positivo.

#propósito

@clubedaalice

traduzem em desenvolvimento pessoal, interpessoal e social, amadurecimento e aprimoramento humano, evolução em todos os sentidos – em nossa vida e na de outras pessoas, pois, como você sabe, além de não fazermos nada sozinhos, nossas ações se conectam com as de outras pessoas e com o que as pessoas são. Logo, empreender é fazer acontecer. E não foi isso que Alice fez, movida por sua curiosidade, ao entrar na toca do Coelho Branco, saindo de sua zona de conforto e da segurança que lhe proporcionava seu jardim já tão conhecido?

Eu tenho o ímpeto de ir e fazer, não espero. Ou seja, o conforto e a segurança do "jardim conhecido" não me prendem. É evidente que, às vezes, eu erro, não há como eu não reconhecer isso, mas, mesmo assim, eu prefiro errar fazendo a não me movimentar, não tentar e me resignar reclamando. É muito comum algumas pessoas olharem apenas o êxito de alguém ou de algo e o justificarem como sendo sorte, mas não se atentarem ao esforço, à energia e ao trabalho ali depositados, à ação e à postura do empreender. Não há sorte, mas sim muito trabalho, envolvimento, coragem, amor pelo que é feito, e anseio por gerar transformações, de modo a criar conteúdo, ações, interações e conexões.

Penso que, se você está aqui, lendo minha narrativa, a seu modo, você também age, sente e pensa assim, pois só o que nos toca, o que ecoa em nós é que faz com que nos aproximemos. Então, que bom que você está aqui!

Em uma das ocasiões em que o ir e o fazer estiveram presentes na minha vida, fui impulsionada a criar algo maior do que eu imaginava naquele momento. Posso lhe dizer que foi quando o Coelho Branco passou na minha frente, assim como ocorreu com Alice em seu jardim. Devo lhe confessar que, em princípio, eu não o tinha notado, mas, à medida que tudo se desenrolou, percebi que eu estava diante de uma nova aventura em minha vida, de um novo ponto de mudança.

Você se lembra que lhe contei no capítulo anterior que sou apaixonada por fotografia, que estava em uma transição de ciclo e que o Paulo, meu marido, havia me levado a percebê-la? Pois bem, foi então que a fotografia novamente reverberou em mim e, muito empolgada e cheia de alegria, fui estudá-la. Contudo, precisei me adaptar à nova realidade, pois tudo estava no mundo digital, nas mídias e nas redes sociais digitais.

Preciso lhe contar um segredo... eu era avessa às redes sociais, tanto que não tive um perfil no Orkut – que era a rede social da época, até a chegada do Facebook –, e eu só usava e-mail para fins de trabalho. Veja só como eu era uma pessoa totalmente offline. Eu não me interessava por esse universo. Pense como, para mim, foi um desafio explorar, entender e me adaptar ao mundo digital.

Apesar disso, lá fui eu! Ora, se eu queria divulgar o meu trabalho, teria de aprender como eram esses novos espaços e suas dinâmicas de interação social. O que facilitou esse meu processo foi não ver isso tudo como um empecilho, mas como uma oportunidade de aprendizado e de abertura de novos caminhos que me reconectavam com a fotografia. Novamente, as conexões e a mudança de ciclos.

Se esse movimento iria dar certo, eu não sabia, mas eu não tinha dúvidas de que esse era um percurso necessário. Então, lá fui eu para o Facebook tão logo ele chegou ao Brasil; contudo, eu ainda não o movimentava. Isso mudou quando compreendi que a rede social seria a interface entre o meu trabalho fotográfico, as pessoas e as oportunidades, pois, como eu tinha voltado a estudar fotografia recentemente, eu ainda não tinha meu portfólio.

Logo comecei a conviver com os fotógrafos no mundo digital e percebi que as pessoas usavam muito a rede social para divulgar os seus trabalhos e trocar ideias. Então, compreendi que esse também seria o meu caminho e comecei a movimentar o meu Facebook, com o intuito de divulgar meu trabalho e de conhecer pessoas. Assim, mais conexões foram estabelecidas.

Na rede social encontrei um amigo, proprietário de uma agência que atuava com promotoras que participavam de eventos. Na ocasião, ele me deu uma excelente dica: "Mônica, as meninas vivem precisando de fotos novas. Que tal você convidá-las para fazer um *book*?! Você se sentirá bem à vontade, pois não haverá a pressão de como cobrar pela produção, se a pessoa irá gostar ou não das fotos etc. Então, você conseguirá explorar melhor o conceito das fotografias. Além disso, elas sabem se maquiar e se produzir, o que eliminará o custo de produção. O que acha?".

Essa foi uma oportunidade excelente para mim, pois me permitiu criar relacionamentos e desenvolver o meu trabalho, que foi dando supercerto! As meninas gostaram e começaram a postar suas fotos nas redes sociais e, por conta disso, suas amigas me procuravam para produzir o *book* delas. Nesse movimento, conheci uma revista digital que se chamava *Saia e Salto Alto*, que era produzida mensalmente por alunas do curso de moda de uma faculdade de Curitiba, e elas me pediram para fotografar a capa e os editoriais da revista. É claro que eu topei. Eu já estava fazendo tanta coisa, mas era válido gastar este tempo para ter uma experiência única e aprender com pessoas que trabalhavam com tanto profissionalismo.

A CHAVE DOURADA E A PEQUENINA PORTA: *desbravando horizontes*

Produzimos muito conteúdo interessante; contudo, como esta era uma publicação que envolvia o curso e a faculdade, aos poucos, as meninas se desestimularam, até chegar num ponto em que apenas eu e uma delas permanecemos produzindo a revista. Então, tive a ideia de ficarmos com a revista e tentarmos monetizá-la. Na sequência, criamos um projeto e consultamos as outras meninas que produziam a revista quanto ao seu interesse em participar conosco.

Assim procedemos, mas elas afirmaram que não tinham interesse em participar. Então, o projeto foi assumido por mim e pela minha amiga. Contudo, houve um porém... o nome da revista – *Saia e salto alto* – havia sido criado por uma das meninas que saiu do grupo, e ela se opôs a ceder a utilização comercial deste nome para nós. Eu me lembro claramente de como isso foi tão frustrante a ponto de pararmos para reavaliar tudo.

Adivinha quem veio nessa hora?! Meu marido, com sua visão prática, ponderada e sábia, dizendo-me: "Ora, pergunte quanto ela quer pelo nome, já que vocês acham que o nome é tão importante para a continuidade da revista. Proponha que ela o venda". Assim procedi, mas ela não quis vendê-lo, sendo taxativa de que o nome era dela e que ela não sabia se iria querer usá-lo mais tarde e, portanto, não tinha interesse em vendê-lo.

Em um primeiro momento, eu e minha amiga ficamos um tanto chateadas, pensativas e abatidas. E adivinha quem novamente veio nos clarear o caminho?! Meu marido! Não lhe disse que ele é um dos meus mentores, além de ser o meu companheiro de todas as horas? Vendo-nos assim, ele nos disse: "Gente, vocês estão chateadas por quê? Criem um nome! Comecem esse projeto do zero".

Ouvi-lo fez toda a diferença, pois percebemos como estávamos nos limitando ao buscar seguir um caminho já aberto e que não era mais o nosso. Ao compreendermos isso, seguimos em frente. Nenhuma dificuldade se encerra em si mesma, não é?! O que eu quero dizer com isso? Que ter recebido esse não foi um grande favor, uma oportunidade para o projeto da revista que seria produzida por nós, pois é bem provável que nós teríamos criado tudo em cima desse nome, mas, analisando hoje, ele não teria combinado com tudo o que foi desenvolvido na sequência.

E foi assim que a Alice veio com tudo, de forma "harMônica" e essencial no projeto da revista digital e em seus desdobramentos. Perceba como a personagem me acompanha, não só no âmbito pessoal da minha vida. Fazendo uma analogia com a história da Alice, esse momento foi tão importante para mim quanto foi para Alice encontrar a chave dourada para abrir a pequenina porta que lhe permitiu desbravar o País das Maravilhas. Ou seja, ao virar a minha chave dourada, eu abri uma pequena porta que me deu acesso a um mundo repleto de possibilidades e de descobertas... Então, lá fui eu explorá-lo.

E por que Alice veio à tona no projeto da revista? Porque, ao pensarmos no nome da revista, percebemos que ele poderia ser um nome de mulher, que poderíamos criá-lo a partir de um nome feminino. Para mim, foi instantâneo: Alice! A revista se chamaria *Alice*. Daí veio todo o conceito da revista. Contudo, sentíamos que faltava algo... Ora, quem é essa Alice? "Revista *Alice*"... Tá, e daí? Sentíamos que estava esquisito, que não comunicava o que desejávamos. Pensamos, pensamos... até que veio o nome: *Palpite de Alice*.

A *Palpite de Alice* foi produzida por algum tempo e, entre as ações da revista, nós selecionávamos mulheres comuns e as transformávamos em Alices contemporâneas. Para isso, nós as fotografávamos. Para o editorial da revista era necessário produção de moda – selecionando roupas que tivessem sentido com a Alice –, produção das meninas – o maquiador (que até hoje trabalha comigo) produzia as meninas e a modelo como Alice – e o cenário – nós usávamos muito o Passeio Público. Em conjunto, transformávamos isso tudo em uma produção que se relacionava com todo o conceito e o intuito da *Palpite de Alice*. Foi superlegal fazermos todo esse processo! Nós também publicávamos receitas, entrevistas, fazíamos o editorial, buscávamos tendências... enfim, nós tínhamos um trabalhão para produzir a revista e nos envolvíamos muito com ela.

Contudo, nós não entendíamos quem compunha o nosso público leitor, ou seja, não sabíamos quem eram as mulheres que liam a revista. Então, com o intuito de tentar identificá-las e saber a sua opinião sobre a revista, perguntávamos às nossas amigas se elas estavam gostando de lê-la. Mas amiga você sabe como é... Ouvíamos respostas como: "Ah, sim!", "Nossa, maravilhosa!", "Legal!". Ao ouvi-las, eu me perguntava se era isso mesmo, se as pessoas realmente estavam lendo a revista e se essa era a impressão real delas.

Nós seguimos o nosso trabalho com a *Palpite de Alice*, buscando aprimorá-la mesmo sem conseguirmos efetivamente monetizá-la. Um dia, fui adicionada a um grupo do Facebook. Até então, eu nunca tinha participado de qualquer grupo do Facebook. Esse me chamou muito a atenção porque era formado por 2 mil mulheres de Curitiba. Eu gravei esse número, pois fiquei bastante impressionada e pensei: "Gente, 2 mil mulheres de Curitiba! É muita gente! Que bacana poder conversar com essas pessoas!".

É claro que eu já comecei a pensar nas possibilidades de realização no e para o grupo, em conhecer essas mulheres e suas histórias e em estabelecer conexões mutuamente produtivas entre elas – muitas delas eram empreendedoras. Então, entrei em contato com a administradora do grupo, expliquei a ela o conceito da *Palpite de Alice*, perguntei se eu poderia postar sobre a revista no grupo e a resposta foi positiva.

Para você compreender melhor sobre esse grupo, seu foco era falar sobre moda, filmes, entre outros assuntos diversos e sem qualquer foco em empreendedorismo. Seu objetivo era promover conversas sobre variedades. Aí eu comecei a organizar um outro tipo de movimento e pensei em um evento. Lógico! A "rainha" de organizar coisas não poderia deixar de entrar em ação, não é?! Muito empolgada, sugeri que realizássemos um encontro com essas mulheres e a administradora do grupo topou. Eu me lembro que lançamos a ideia no grupo e obtivemos ótima adesão ao evento.

Antes de eu continuar a lhe contar sobre o evento, gostaria que você pensasse se isso tudo não foi a minha virada de chave em uma nova porta tão logo segui o meu "Coelho Branco", pois todo esse contexto fez com que eu saísse da minha zona de conforto e me aventurasse por lugares nunca navegados (vale aqui a metáfora digital) por mim. E posso lhe dizer que o meu Coelho Branco também surgiu apressado, olhando para seu relógio de bolso, a dizer: "Oh, meu Deus! Eu vou chegar muito atrasado!"[7], pois eu tinha tanto a buscar, a aprender, a fazer...

---

7   CARROLL, Lewis. **Alice no País das Maravilhas**. Tradução: Nicolau Sevcenko. São Paulo: Cosac Naify, 2009. p. 11.

Movida por muita curiosidade e entusiasmo, comecei a dar os primeiros passos para mais uma aventura em minha vida. Aventura essa que surgiu no meio do caminho, pois o meu objetivo primeiro foi modificado durante o trajeto e isso me fez rumar por veredas que me levaram ao surpreendente e ao desafiador, como você verá na sequência.

Preciso lhe dizer que eu não fazia a mínima ideia do que eu passaria e no que essa aventura se transformaria, mas fui atrás do Coelho em sua toca.

MINHA JORNADA NA TOCA DO COELHO:
curiosidade, receio, ânsia por explorar

Ao seguir o meu Coelho Branco e me embrenhar em sua toca, assim como acontece com a minha querida personagem Alice, percebi o novo universo em que eu estava inserida e explorava com muita curiosidade e entusiasmo, mas também com certo receio: como ele seria realmente? Será que esse novo espaço acolheria minhas ideias, meus ideais e meus projetos? Quanta coisa para aprender, explorar e realizar! A minha voz seria ouvida e as minhas ações reverberadas?

Eram muitos os questionamentos e receios, mas também era tamanha a minha vontade de realizar algo que tivesse muito do que eu acreditava (e acredito) e que estabelecesse conexões de valor em todos os sentidos, principalmente o valor humano. Foi movida por essa vontade que propus o evento para as mulheres do grupo, pois foi inevitável eu começar a pensar em ações e formas de organizar essas mulheres no sentido de que estabelecessem esse tipo de conexão. Foi impressionante o retorno delas, e, no mesmo dia, fechamos o andar inteiro do lugar escolhido para o evento! A adesão foi tanta que algumas pessoas não puderam participar por conta da lotação.

No dia do evento, todas foram muito bem recepcionadas: havia um estúdio de fotos para registro da chegada de cada uma delas ao evento e foi organizada uma coluna social sobre o evento na revista. Em determinado momento, propus ao grupo que criássemos uma comunidade em que cada integrante ofereceria descontos para as demais em seus empreendimentos.

Infelizmente, não houve boa receptividade e atenção das integrantes nesse sentido; estavam mais centralizadas na pizza pós-encontro do que em minhas propostas, que foram recebidas de forma titubeante por elas. Ouvi respostas evasivas, como "Ah, mas será?". Então, percebi que o que eu tinha intenção de realizar não era o foco do grupo. E tudo bem, afinal, cada um de nós tem suas escolhas. Contudo, permaneci no grupo, porque acreditava na possibilidade de introduzir algo novo nele. E não só algo que fosse novo, mas positivo e produtivo para todas.

Posteriormente, houve um fato que me fez compreender que aquele não era o meu lugar. Como eu já estava sendo reconhecida como administradora do grupo pelas integrantes, a real administradora me convidou para assumir esse papel. E eu disse que tudo bem. Porém, eu e ela conflitávamos muito quanto ao entendimento do que era o grupo. Ela o entendia como algo bem seleto e, por isso, fazia toda uma pesquisa no perfil da pessoa que queria entrar e no de quem a tinha indicado para o grupo. Para mim, isso era horrível. Imagine julgar, avaliar alguém tendo como baliza uma rede social! Eu achava isso sem cabimento.

A ruptura veio quando eu estava em um jantar da faculdade, do meu curso de Administração, em que estavam todas as meninas. Elas estavam neste grupo do Facebook, exceto uma. Ao ouvir as conversas sobre o grupo, ela disse: "Ai, vocês ficam falando sobre esse grupo e só eu que não estou!". Eu ouvi aquilo e, sem entender o porquê de ela não estar lá, peguei meu celular e a adicionei ao grupo. No outro dia, fui chamada para uma reunião com a criadora e administradora do grupo. Na reunião, ela me perguntou se fui eu quem incluiu a menina no grupo. Toda feliz, respondi que sim. Na mesma hora, fui repreendida e orientada a nunca mais incluir alguém no grupo sem falar com ela.

Sem entender nada, perguntei: "Por quê? Você tem algo contra ela?". Eu a questionei para entender o seu posicionamento como administradora do grupo, pois não havia nada que desabonasse a garota. E o que eu ouvi?! Que as duas tiveram um desentendimento na época do colégio. Eu fiquei pasma, pois isso já fazia mais de 40 anos! Ora, nós podemos superar desentendimentos, não guardar mágoas e tudo mais. Veja só: a coitada da moça que eu adicionei sequer lembrava desse conflito do passado. Então, essa situação fez com que eu percebesse claramente que a forma como o grupo era conduzido não tinha nada a ver comigo. Eu respeito a forma de ser de cada um, mas, para mim, isso não tem o menor cabimento. Então, você pode imaginar como a situação ficou esquisita e, claro, eu me desliguei do grupo.

Ao pensar com os meus botões sobre tudo isso, lembro que me veio à cabeça uma frase da Alice, em *Alice através do espelho*, e que eu disse a mim mesma nesse momento de rever minha bússola rumo ao caminho que eu estava buscando trilhar da forma mais coerente e respeitosa com os meus valores e com as minhas escolhas: "Agora não posso mais voltar. É seguir em frente"[8]. No meu caso, além de "não posso", ecoava mais forte em mim o "eu não quero" voltar! Até porque situações adversas não significam insucesso ou que devamos desistir, não é? Elas devem ser interpretadas como possibilidades para abrirmos novas portas, para buscarmos novas trilhas que nos levem ao destino que desejamos!

Assim, a nova porta que se abriu para mim veio a partir da minha atitude de identificar que aquele não era o meu lugar e que eu poderia e deveria criar um espaço em que o encontro efetivamente fosse proporcionado. Isso me levou a pensar em criar algo diferente: uma comunidade, voltada para mulheres no Facebook. Por que escolhi a palavra "comunidade" e não "grupo"? Porque comunidade tem como princípios a concordância e a harmonia de posturas, ações, objetivos, valores e escolhas.

Desse modo, na minha concepção, a comunidade envolveria pessoas que tivessem propósitos em comum e que pudessem ingressar nela sem qualquer jugo de seleção. Ah! Antes de continuar a lhe contar essa parte da história, eu preciso dizer que, na época, não era usado o termo "comunidade", mas, sim, "grupo" do Facebook.

---

8   CARROLL, Lewis. **Alice através do espelho**. Tradução: Ricardo Giassetti. Edição bilíngue: PT/EM. [*s. l.*]: Mojo.Org. p. 35. Disponível em: https://mojo.org.br/ebook/alice-atraves-do-espelho/. Acesso em: 13 mar. 2022.

ARQUITETANDO O CLUBE DA ALICE:
uma comunidade para além do digital

A ideia ganhou força em minha cabeça e, então, na praça de alimentação do Shopping Crystal, em Curitiba, eu a compartilhei com uma amiga, convidando-a de supetão: "Vamos criar uma comunidade nova no Facebook com o nome da revista? Vamos criá-la com a nossa cara!" – disse a ela, muito animada. Então, conversamos bastante, trocamos ideias, ponderações e eu lhe disse: "Então vamos fazer o seguinte: eu vou criar o **Clube da Alice**. Ele terá a sua própria identidade e conceito, ou seja, uma comunidade, um clube, um espaço onde vamos conversar, compartilhar histórias de cada uma de nós e empreender".

E olha que legal! A revista *Palpite de Alice* veio como conteúdo gerado para toda a comunidade. Logo em seguida, foi concebida a atuação do **Clube** como meio de promover o empreendedorismo e, no caso, o empreendedorismo feminino em Curitiba. Foi então que nasceu a ideia de chamarmos amigas atuantes de áreas diversas para que fossem gerados conteúdos e discutidos temas múltiplos. Olha a diversidade de novo na minha vida!

Ali, no Shopping Crystal, começou a ser gerado o **Clube da Alice**, inclusive tendo a sua primeira Alice, pois, ao sair da praça de alimentação, fui à loja de uma amiga, que, de imediato, quis ingressar na comunidade. Acredito que, agora, você entenda o porquê da forte ligação do **Clube** com o Crystal. Aliás, ligação e conexão são palavras essenciais na e para a comunidade, pois, para além das conexões entre empreendedoras, o **Clube da Alice** tem estabelecido, até hoje, vínculos entre as pessoas e suas histórias.

Pensando bem, ao resgatar as perguntas que permeavam as minhas inquietações na época da faculdade, vejo que o **Clube**, de forma bem primária, já tinha a sua semente em mim, pois eu vivia me analisando: "Ah, não gosto disso", "Isso é interessante e eu gosto!", "Que tal se eu...". Contudo, a consciência disso e a elaboração dessa ideia ocorreram um tempo depois, quando fui levada à fotografia novamente, que me trouxe a revista e a percepção do potencial do Facebook como rede social.

Como foi maravilhoso ver a comunidade ganhando a envergadura que eu não imaginava: a de uma empresa e a de um grupo de pessoas amigas, pois, sim, eu fui colecionando amigas entre as integrantes do **Clube da Alice**. Claro que isso não aconteceu da noite para o dia nem de forma linear, pois, como tudo na vida, a comunidade passou por transformações.

EXPLORANDO ESTE NOVO MUNDO: ENTRE ALICES

Eu mencionei as conexões entre pessoas e histórias, não é? Isso porque elas estão no DNA do **Clube da Alice**, ele tomou corpo por meio de vínculos de amizade, pois as Alices que ingressavam na comunidade eram convidadas por suas amigas e as novas integrantes podiam convidar suas amigas para o **Clube** também.

Outro fenômeno interessante destes elos foi que a comunidade foi formada por várias "tribos" que se interconectavam: a tribo das artistas plásticas, das dentistas, das maquiadoras... Cada uma que convivia nesse mundo ramificava suas conexões, sua rede de relacionamentos na comunidade do Facebook. Isso foi muito rico e tudo se concretizou por meio da rede de relacionamentos, pelos vínculos de amizade de cada mulher que ingressava na comunidade. Então, eu acredito que o grande segredo do êxito do **Clube da Alice**, logo em seu início, foi o vínculo e a riqueza da diversidade.

Eu vejo como espetacular e positivo para a comunidade o fato de ser constituída pela amizade e por múltiplos conhecimentos e empreendimentos. Essa multiplicidade, como você pôde perceber, já começou a ser delineada quando eu convidei minhas amigas a participarem.

O conceito do compartilhamento também já sustentava o projeto, pois, ao convidar as minhas amigas, eu lhes apresentava a proposta de que escrevessem posts sobre o foco de sua atuação e que tirassem dúvidas sobre ele. Dessa forma, compartilharíamos conteúdos e abordagens que se agregariam, de forma positiva, à vida das meninas do grupo. O convite, portanto, envolvia ações em que criássemos uma rede de trocas diversas. Foi muito gratificante sentir como tudo isso foi "abraçado" por elas e pelas demais Alices que se juntaram à comunidade.

Olha só como é verdade o fato de que, quando há sintonia, tudo se realiza de forma bastante orgânica e dinâmica: eu fiz o convite a essas mulheres em uma sexta-feira; uma delas me perguntou se poderia convidar todas as suas amigas para participar do grupo. Respondi: "Ué, claro, convide!". E veja só... no primeiro fim de semana, o **Clube da Alice** já tinha 2 mil mulheres! Isso porque, além de ser uma pessoa muito querida, essa minha amiga é comerciante há muito tempo, e por isso é bastante conhecida e inspirava confiança e interesse das mulheres que ela convidava a ingressar na comunidade.

Aliás, a confiança está na origem da comunidade e se mantém até hoje, pois está presente nas orientações compartilhadas, nas histórias trocadas entre as Alices, nas compras realizadas entre elas e nas indicações de profissionais e de lugares que são solicitados no **Clube**. Essa questão da confiança é impressionante, pois ela é a base de tudo, visto que a comunidade permite que as mulheres se conectem com algo que não conseguem no mundo real, que se conectem entre si por meio de suas histórias de vida e que se apoiem em seus empreendimentos. Mesmo quando ocorreram problemas, os quais foram relatados no **Clube** e estiveram ao nosso alcance para resolução, houve a atenção e a mediação do grupo.

Outro detalhe que eu gosto muito de contar é que, desde o início, essas mulheres se chamaram de "Alices". Partiu delas essa identificação, de forma muito natural. Esse fato revelou algo muito interessante e valoroso para mim, que foi o sentimento de pertencimento dessas mulheres ao **Clube da Alice**. Eu ouvia (e ainda ouço) muito: "Ah! Eu sou uma Alice", "Essa não é a atitude de uma Alice". Além de uma identidade, formou-se o conceito "Alice" e as pessoas o entenderam. Acredito que essa identificação, não só com o conceito, mas também entre elas, foi um dos fatores primordiais para a ótima interação e para a dinâmica da comunidade, que foi agregando mais e mais integrantes.

Eu sei, eu sei... você deve estar pensando que tudo foi um mar de rosas. Não foi, apesar de toda essa grandiosidade, envolvimento e encantamento que esteve presente na formação da comunidade. Como qualquer empreendimento, não importa qual nem em que contexto ele se realize, haverá mudança nas "marés", que oscilam entre as boas e as pouco favoráveis.

A confiança está na origem da comunidade e se mantém até hoje, pois está presente nas orientações compartilhadas, nas histórias trocadas entre as Alices, nas compras realizadas entre elas e nas indicações de profissionais e de lugares que são solicitados no Clube.

#confiança

@clubedaalice

OSCILAÇÕES NO UNIVERSO DAS ALICES

É evidente que a dinâmica das marés não seria diferente neste novo universo que se organizava, não é?! Então, chegou a primeira maré difícil do início do **Clube da Alice**. Ela foi dolorida e demandou de mim observação e cautela para ultrapassá-la. Eu acredito que as oscilações das marés nos ciclos da nossa vida vêm para nos ensinar e nos mostrar que podemos fazer e entender de modo diferente e que, com isso, também podemos ser diferentes.

Você também pensa assim? Ou não? Acho que você conhece o ditado popular que diz: "Mar calmo nunca fez bom marinheiro". É ajustando as velas e tomando conta do timão da nossa embarcação que atravessamos as marés que se apresentam, não é?

Por motivos particulares, houve a saída de algumas administradoras da comunidade, que foram buscar outros caminhos de vida, seja por oportunidades que apareceram em suas vidas, seja por terem pontos de vista distintos sobre alguns aspectos do **Clube da Alice**. Eu compreendi o motivo de cada uma delas. Na sequência, procurei entender melhor a dinâmica da comunidade virtual e, principalmente, ter sempre em mente que ali estavam pessoas, cada uma com sua individualidade, suas potencialidades, suas vulnerabilidades, seus interesses, suas escolhas, suas dores, seus amores, sua personalidade, enfim, sua biografia. Além disso, eu tinha de considerar a dinâmica do Facebook e descobrir como as pessoas poderiam ter mais familiaridade com ele, como os filtros ou elas saberem o porquê de estarem no **Clube da Alice**.

Eu me sentia tal qual a Alice do País das Maravilhas: confrontada por esse novo mundo, buscando entendimento e, ao mesmo tempo, questionando ainda mais o que, para mim, ainda se mostrava obscuro e cheio de elementos inesperados – a comunidade no Facebook, esse "mundo das Alices". Nessa busca, eu respirava esperança e perseverança e avaliei que, assim como a minha personagem preferida, eu só precisava encontrar uma nova chave dourada para abrir mais uma porta – ou algumas portas – desse mundo. Cheguei a me lembrar do anseio da personagem, revelado pelo narrador dessa história cativante: "Logo ocorreu a Alice que a chave deveria servir para alguma das portas"[9]. Portanto, eu encontraria a chave para mais essa porta e, assim, continuaria a explorar esse novo lugar que já não era só meu.

BUSCANDO NOVAS CHAVES PARA O CLUBE DA ALICE

Eu lhe disse que encontraria uma nova chave para me aprofundar e abrir caminhos no e para o **Clube da Alice**, não é? O que posso lhe dizer é que não encontrei apenas mais uma chave, mas várias. Aliás, algumas delas é que me encontraram, entre percepções, movimentos, "coincidências" e sincronias.

Eu imagino que você possa estar se perguntando: "Ok, mas que chave a Mônica encontrou?". Encontrei a chave da perseverança, do buscar novos caminhos, do confiar na concretização do meu propósito com a comunidade, e as chaves que me (re)encontraram nesse momento do **Clube da Alice** foram as das sincronias, das conexões significativas, da confiança e do aperfeiçoamento do meu trabalho, no sentido de procurar entender melhor o funcionamento do Facebook, de repensar as formas de gerir a comunidade, de contemplar conteúdos, histórias e ações empreendedoras e sociais que fossem ao encontro da identidade do **Clube**, do grupo de mulheres que o compunham e da minha forma de empreender e viver.

REVERBERAÇÕES DO CLUBE: REPRESENTAÇÃO SOCIAL, CRESCIMENTO, DESAFIOS E SUPERAÇÕES

Foi nesta época que recebi uma ligação da Gazeta do Povo. Eu estava na Bahia para o casamento do meu irmão, e me lembro como se fosse hoje. A pessoa que representava a Gazeta me informou que gostaria de fazer uma entrevista comigo sobre o **Clube da Alice**. Expliquei que eu estava em Trancoso, mas que eu poderia fazer a entrevista por telefone se ela quisesse. Então, nós a realizamos e ela me disse que, quando eu voltasse para Curitiba, a equipe faria uma fotografia minha para a matéria.

---

[9] CARROLL, Lewis. **Alice no País das Maravilhas**. Tradução: Nicolau Sevcenko. São Paulo: Cosac Naify, 2009. p. 16.

Como eu estava envolvida com todo o clima do casamento do meu irmão, eu nem perguntei o porquê da entrevista, ou seja, para que ela seria... Não perguntei detalhes. Eu lembro que, quando terminei a entrevista e desliguei o telefone, pensei que seria uma matéria para o *Viver Bem*, que era um suplemento que fazia parte da edição de domingo desse jornal. Lembro também que, logo em seguida, o Paulo chegou e me perguntou: "Tá, mas para que é essa entrevista?". Respondi bem naturalmente: "Ah, sei lá... É para a Gazeta do Povo. Vai ver que será uma matéria para o *Viver Bem*".

Eu já estava achando o máximo e não me importava muito com o que seria, em que suplemento do jornal ela seria publicada. Então, retornei de Trancoso e a equipe da Gazeta do Povo foi até mim e fez a foto. Perguntei quando a matéria seria publicada e eles me disseram que me avisariam. Ah! Eu preciso lhe dizer que, nessa época, o jornal ainda era impresso.

Em uma sexta-feira, a moça do jornal me avisou que a matéria fazia parte da edição de domingo. Nossa! Imagine a minha expectativa... Sábado à noite eu já estava só esperando o jornal sair. Que emoção! Eu tenho uma consideração e um reconhecimento enormes pela Gazeta do Povo, não só por ela participar da construção da história da comunidade, mas também pela representatividade jornalística do periódico.

Agora é que vem a maior surpresa e a emoção de tudo isso. Quando eu peguei o jornal e o abri, quase desmaiei, porque a matéria ocupava uma página inteira do caderno de *Economia*! A Gazeta do Povo fez um estudo sobre o que o **Clube da Alice** estava captando da economia de Curitiba, ou seja, o estudo contemplou o que as mulheres da comunidade estavam postando e como o movimento da comunidade impactava a economia da cidade. Olha só que bacana! Que maravilhoso!

A repercussão foi tanta que, em seguida, o G1 me procurou querendo fazer uma matéria também e, com a matéria publicada por esse portal de notícias, nós ganhamos uma proporção enorme, pois a audiência, o alcance do G1 é imenso. Em seguida, veio até mim o Paraná TV, por meio da maravilhosa repórter Luiza Vaz, que me pediu para fazer uma matéria sobre o **Clube** dando um outro viés: Luiza começou a investigar as histórias das Alices, e isso foi tão rico, tão rico, que muitas das histórias eu soube por meio da matéria dela, que foi veiculada no Paraná TV.

Tem uma surpresinha aí... Eu não sabia de nada, pois a Luiza pediu para fazer uma entrevista comigo e eu achei que fosse apenas isso. Eu a gravei e me desliguei desse processo. Um dia, recebi a ligação do Felipe Guerra, um grande amigo meu, que me disse logo que atendi à ligação: "Meu Deus! Você não para de passar na televisão!". Ele vibrava muito e eu, sem entender: "Como assim eu não paro de passar na televisão?".

Aí é que vi o que a Luiza e o Paraná TV fizeram: um bloco inteiro do Paraná TV foi dedicado ao **Clube da Alice**. Após a apresentação da matéria produzida, Luiza e o apresentador do programa, ambos no estúdio ao vivo, conversaram a respeito e Luiza contou como foi sua experiência dentro do Clube, de conhecer as histórias e as conexões existentes na comunidade. E assim foi o programa, que começou falando do **Clube** em um bloco inteirinho e terminou com a Luiza e o apresentador dizendo: "E viva o Clube da Alice!". Ora, como não me emocionar toda vez que me lembro disso?!

Você já pode imaginar o que houve em seguida, não é? O Clube explodiu! O alcance da televisão e a força do Jornal da Globo e do Jornal do Meio-Dia são surpreendentes. Como eles materializaram o **Clube**, as histórias e mostraram suas integrantes, as pessoas diziam: "Meu Deus, o que é isso? Quero participar!".

Que alegria eu senti! A mobilização foi tanta que lembro que uma pessoa da T.I. me disse que eu iria ter de me preparar, porque a comunidade cresceria exponencialmente, pois é assim na internet: quando ocorre um gatilho desse, é preciso preparo para o crescimento. Foi exatamente assim que ocorreu, pois chegamos em 100 mil membros muito rápido. E veja só: nessa época, ainda era necessária a aprovação de uma por uma das pessoas ingressantes. Não havia outro modo de fazermos isso no Facebook.

Assim surgiu uma grande lenda dentro do **Clube da Alice**. Não dávamos conta de efetuar as aprovações, pois as pessoas indicavam a comunidade umas para as outras. Como era preciso que uma pessoa indicasse a outra, eu tinha que achar a amiga que já participava do **Clube** e que indicou a pessoa que pediu para entrar na comunidade. A amiga indicada entrava em uma fila de 100 mil pessoas. E o que acontecia nesse processo? O Facebook nos entregava as solicitações de ingresso das mais recentes para as mais antigas. Então nós começávamos a aprovar. Conseguíamos aprovar mil pessoas, por exemplo, e estas passavam a convidar suas amigas. Eu me lembro que era esta a proporção: mil Alices convidavam cinco amigas. Ou seja, logo passávamos a ter 5 mil solicitações a mais. Por conta da ordem das solicitações do Facebook, a pessoa que estava por último na lista (a primeira a solicitar) continuava lá. Era impossível conseguir aprovar as primeiras solicitações. Não havia a menor condição de chegarmos até elas.

Aí, o que o Facebook liberou?! Uma ferramenta que permitia que aprovássemos lotes de 10 mil solicitações. Então, eu selecionava a ferramenta e ela aprovava 10 mil pessoas direto, sempre quem tinha pedido para entrar mais recentemente. Ou seja, eu e as meninas que trabalhavam comigo no **Clube** continuávamos a não chegar naquela pessoa que estava no começo da fila de pedido de ingresso. Imagine, nem assim conseguíamos chegar nela! Aí é que começou a lenda: "Ah, elas escolhem as integrantes". Claro que não! Isso jamais existiu! Era mesmo uma impossibilidade técnica. Não tínhamos como nos comunicar com a pessoa que ficou lá atrás na fila de solicitações de ingresso para orientá-la a cancelar seu pedido e refazê-lo para ficar entre os pedidos recentes.

Mesmo com todo esse panorama, nós não desistíamos e fazíamos mutirões para aprovar as meninas. Nós aprovávamos 10 mil pedidos e ainda tínhamos que "caçar" os efetuados por homens, pois lógico, entre esses 10 mil pedidos, estavam os registrados por um monte de homens. Como a gente os "caçava"? Nós tínhamos uma lista de nomes masculinos e os colocávamos na pesquisa e os excluíamos. Por exemplo, digitávamos "João" e retirávamos todos os "Joãos" que haviam pedido para ingressar na comunidade.

Eu imagino que você deva estar pensando no trabalho que isso nos dava. Sim, era imenso! Tanto que, quando eu olho para trás e vejo o que fizemos, eu penso e falo: "Gente, não é possível que eu e as meninas fizemos isso na vida!". Mas tudo bem, não é? Era a forma que tínhamos para fazer acontecer, então, lá fomos nós!

Veja só: ao mesmo tempo que isso era ruim porque não conseguíamos fazer as aprovações na mesma proporção e ritmo que as solicitações entravam, isso gerava o desejo de mais pessoas entrarem no **Clube da Alice**. Imagine você e uma amiga conversando: sua amiga está na comunidade e você não conseguiu entrar... O seu desejo de entrar se intensificaria, não é?! E assim ocorreu. Mais e mais as pessoas queriam fazer parte da comunidade.

Reforço que isso não foi proposital, nós não deixamos, em nenhum momento, alguém fora do **Clube** de forma intencional. O motivo foi a falta de uma ferramenta com essa função no Facebook. Hoje, já há ferramentas melhores para isso, pois é possível filtrarmos quem é mulher, quem mora em Curitiba etc. Claro que isso só é possível quando a pessoa apresenta essas informações em seu perfil. Se a pessoa não coloca nada, o filtro não a localizará na busca que realizamos.

Ainda assim, atualmente, temos 259 mil perfis na fila para efetivação do ingresso na comunidade, mesmo ainda realizando os mutirões, mesmo existindo ferramentas melhores no Facebook. É que o movimento de indicações e de pedido de ingresso não cessa. Otimizamos o processo de diversas formas, mas o crescimento continua exponencial. Se, por um lado, esse movimento contínuo de crescimento é motivo de orgulho e de muita alegria para mim (sem dúvida!), por outro, infelizmente causa dor, pois eu gostaria que todas as meninas pudessem ingressar no **Clube da Alice**.

Eu imagino que você possa estar me perguntando: "Mônica, então, por que você não aprova todas as meninas que estão na fila?". E eu lhe respondo com muita franqueza e verdade: porque tem de fazer sentido! Não basta aprovar por aprovar. Senão, vem gente de tudo que é lugar do país. Agora, eu lhe pergunto: se fosse assim, faria sentido? Nenhum. Eu penso que comunidade não é número. Não é isso que desejo para ela, mas, sim, ter nela pessoas que realmente tenham interesse de participar, tenham coisas e objetivos em comum. Essa é razão da filtragem, entende?

O MUNDO DAS ALICES GANHA FORÇA EM SUA CREDIBILIDADE E EM SUA RAZÃO DE SER

O sentido deve estar presente em tudo o que fazemos em nossa vida, desde as atitudes cotidianas até os projetos mais arrojados e a busca de nossos sonhos. Isso porque o sentido agrega outros elementos igualmente essenciais às nossas ações, relações e aos nossos propósitos, como a confiança, a entrega, a parceria e a conexão. Se este é um entendimento que levo comigo em minha vida, não teria como não o assumir também na estruturação da comunidade, certo? E foi isso que eu vi se concretizar. À medida que o **Clube da Alice** começou a aparecer na imprensa e que seu intuito e suas realizações foram divulgados, a sua credibilidade se fortaleceu e passou a ser um valor reconhecido entre suas integrantes e entre as pessoas que não faziam parte dele, mas sabiam da sua existência e atuação.

Esse foi o momento em que a comunidade deixou de ser compreendida como um "grupinho" no Facebook para que as pessoas olhassem para o **Clube da Alice** e pensassem: "Tem algo a mais aí!". Nesse sentido, eu vejo que a Gazeta do Povo foi muito importante, porque a comunidade começou a crescer de forma mais significativa, a ficar conhecida e a viver todos os reflexos vindos desse movimento.

Assim, vieram mais convites para participarmos de projetos e eventos. E como aquela minha característica de quando eu era adolescente ainda permanece em mim, que é a de participar de tudo que me chamam, eu me interessava e ia ver qual era a proposta. Sabe que, hoje, eu vejo que esse meu jeito de ser também ajudou o **Clube** a ficar conhecido. Eu sou bem "arroz de festa", tanto que eu digo que se você não quiser que eu vá a algum evento, não me convide, pois eu vou mesmo. Contudo, mesmo sendo "arroz de festa", eu procuro avaliar se o convite para um evento, projeto etc. é importante para o **Clube da Alice**. Ou seja, o foco é o melhor para a comunidade e para as suas integrantes e, claro, como eu me sentiria participando deles.

Um desses convites foi o de criar um blog do **Clube da Alice** na Gazeta do Povo. Então, propus a ideia de levar a *Palpite de Alice* para a

Gazeta, pois foi com a revista que tudo começou e para a qual já gerávamos conteúdo. Assim, o blog tomou forma e ficamos um ano e meio na Gazeta do Povo.

Todos os dias tínhamos, no mínimo, uma colunista escrevendo para a revista. Se não me engano, éramos 28 colunistas ao todo. Eu e uma amiga nos dividíamos para produzir esse conteúdo, pois éramos as responsáveis por ele. Então, precisávamos ler todo o conteúdo produzido, e então o publicávamos no blog. Ressalto que nós não éramos remuneradas financeiramente por isso, fazíamos porque acreditávamos no projeto e, claro, pela satisfação de vê-lo alçando bons voos — era isso que nos fazia sentir que ganhávamos muita coisa ao trabalhar no blog, trazendo a *Palpite de Alice* para ele. Houve momentos em que tivemos a grata surpresa de terem sido registrados muitos acessos ao blog. Muito legal, não é?

Talvez você esteja querendo me perguntar o porquê de termos saído de lá. Foi por causa da tecnologia, pois a Gazeta do Povo faz parte de um grupo muito grande, então, tudo é muito dinâmico e, por isso, ocorriam mudanças nessa parte de tecnologia. Em uma delas, o link para o blog não aparecia mais na página inicial da Gazeta, pois o layout do jornal havia sido modificado. Com isso, os leitores não conseguiam achá-lo facilmente ou da forma como já estavam acostumados.

Contudo, nesse meio tempo, nós também levamos o **Clube da Alice** para a rádio 98 FM, aos sábados, e essa também foi uma experiência muito legal e que me fez ficar apaixonada por rádio. Para você ter uma ideia da minha paixão, hoje, eu largo qualquer entrevista para poder comparecer a uma rádio em que sou chamada. Adoro, adoro, adoro! Acho que é um veículo que aproxima as pessoas. Eu gosto muito de ouvir rádio, de seu formato e de fazer rádio. Rádio é um veículo muito democrático e as conexões — elas novamente e sempre em minha vida! — são muito dinâmicas. Por exemplo, as pessoas mandavam mensagens para a rádio direcionadas a mim e até hoje me reconhecem pela voz por causa da rádio. Muito interessante isso! Tanto que, na época da 98 FM, havia pessoas que falavam assim: "Você não é aquela pessoa da 98?". Veja só, na rádio, eu era a Mônica, não era a Mônica do **Clube da Alice** ou ainda a Alice do **Clube** — por algum tempo, as pessoas se confundiam e me chamavam de Alice, por conta da comunidade. Ou seja, algumas delas vinculavam a minha identidade à do Clube. Claro que eu entendia o porquê dessa associação, mas eu gostava de esclarecer que eu sou a Mônica.

Portanto, foi na rádio que eu deixei de ser apenas a Mônica do **Clube da Alice**, porque o programa atingiu um outro público, o da 98 FM, e as pessoas me reconheciam por causa da minha voz. Posteriormente, na última experiência na RIC FM, o que se destacou foi o **Clube**, pois ele já estava mais consolidado. Então, nesse momento, os ouvintes já me associavam a ele.

PAULO A ME ACOMPANHAR SEMPRE: MEU COMPANHEIRO E MENTOR

Não tem como eu rememorar tudo isso sem ver o Paulo em tudo, pois o meu marido, como já lhe disse aqui, além de ser meu companheiro para tudo, é meu grande mentor (ele e minha avó, lembra-se?!). Nós nos complementamos muito!

O início da nossa história é muito engraçado. Eu conheci o Paulo e, com pouco tempo que estávamos juntos, ele simplesmente chegou e me disse: "Ah, vamos casar?". E foi algo assim, tão do nada... Ninguém pediu ninguém em casamento. Nesse momento, começamos a pensar nas datas, e foi assim: "Então, vamos noivar neste Natal e casamos no próximo Natal". "Ah! Vamos!". Foi tudo tão natural, e eu digo que, se existem almas gêmeas, nós nos encontramos.

Como eu disse, nós nos completamos muito. Eu sou a sonhadora, quero fazer e tal. E o Paulo chega e me faz olhar para o objetivo do sonho: "Tá, e isso vai fazer o quê? Qual é a finalidade disso? Vai render o quê?". Ou seja, ele me faz olhar para vários aspectos da e para a concretização dos meus sonhos. E isso ocorre com tudo!

Logo, não poderia ter sido diferente no **Clube da Alice**. Quando eu converso com outras pessoas que têm comunidade no Facebook e que têm ideias tão legais quanto as que nós tivemos, eu percebo que elas não conseguem monetizar. Isso porque essas pessoas são como eu. Eu sou assim, eu faço as coisas de uma maneira lúdica. Essas pessoas não têm o Paulo para puxar, para impulsionar o que envolve a comunidade, observando o potencial de um produto, o que pode ser monetizado. Então, nós nos completamos muito, é isso.

Paulo e eu temos uma sintonia maravilhosa, gostamos de estar juntos e com os nossos amigos. Estamos no mesmo caminho, na mesma vibração. Quanto a sair mais, encontrar nossos amigos, ir a eventos, eu fui compartilhando, guiando o Paulo nisso, pois ele era mais fechado, mais caseiro. Essa, então, foi mais uma das nossas boas trocas. Imagine só, eu festeira do jeito que sou! Gosto de gente, quero ir aos eventos, encontrar amigos, viajar. Tanto é assim que eu sempre digo e vou repetir aqui: se você não quiser que eu vá, não me convide. E esse meu movimento e a nossa parceria despertaram nele essa abertura e a vontade de participar das coisas. Hoje, ele só deixa de sair se tiver algo muito importante para fazer.

Eu sei que meu ritmo é diferente do dele nesse aspecto, e está tudo bem. Como eu disse, nós nos complementamos; assim como o olhar dele para os meus sonhos também é diferente, e é essa mescla, essa troca, esse estar junto que nos conduz em nossas jornadas individuais e conjuntas. No **Clube**, a nossa parceria tomou maiores proporções e ele é essencial na comunidade.

Bem, nós começamos a trabalhar juntos, "de verdade", quando eu tinha a Vita Derm e era sócia da minha mãe na academia. Nessa época, o Paulo estava trabalhando em São Paulo, fazendo um sistema para o Exército de identificação digital, o que o fez morar nessa cidade. Ele vinha todo fim de semana para Curitiba. Então, quando surgiu a oportunidade do empreendimento da Vita Derm, na distribuição de seus produtos, o Paulo veio para cá e acabamos nos tornando sócios por aproximadamente 15 anos. Aí, quando esse negócio estava acabando e eu fui para a fotografia, o Paulo se tornou sócio de uma empresa de produções culturais e, claro, eu acabei trabalhando com ele também, né? Com isso, eu entrei na área de produção.

Então, tudo começou a crescer: veio o **Clube** e nós acabamos nos unindo em mais esse projeto. É muito legal perceber como um se envolveu nas realizações do outro, com os projetos, com os propósitos e com os aprendizados de cada um. E o legal foi que isso tudo se desenvolveu de forma muito natural.

Eu costumo dizer que o **Clube da Alice** é o que é hoje por conta do acompanhamento, do planejamento e das ações do Paulo. Claro que há todo esse meu trabalho de criação, de geração de conteúdo e de conexão, mas a vida não é só isso, não é? Nós precisávamos monetizar o **Clube**, porque o projeto começou a crescer. O Paulo foi quem trouxe esse aspecto para a comunidade.

Eu falo que eu sou o balão e o Paulo é a âncora. Ah! Eu quero voar, eu quero fazer... e ele me puxa e fala: "Vem cá, isso não dá para fazer". Ah! Vou lhe contar um detalhe interessante sobre mim: eu fiz a minha numerologia e, nela, apareceu que o meu número é o da cura. Para você compreender melhor, quem tem esse número são médicos, pessoas que trabalham na área da saúde. Assim, ao interpretar isso, a numeróloga viu o **Clube da Alice** como fator de cura, ou seja, um instrumento de curas diversas para muitas pessoas, pois quantas conexões positivas são estabelecidas nele e ajudam pessoas, mudam vidas! Basta olharmos para a história da comunidade e para as histórias das Alices que o compõem!

Também na numerologia, ao fazer a leitura do meu nome de casada, aparece justamente isso que estou lhe contando: que o Paulo me traz muito para a reflexão, porque eu sou uma pessoa que sempre quer fazer pelos outros, isso sempre foi muito meu. E tem a ver com a história da minha família, como lhe contei. Porém, nesse fazer pelos outros, eu deixo a minha própria família, eu me deixo de lado. Então, se eu tiver de priorizar alguma coisa, vou acabar priorizando algo relacionado a outras pessoas, mas isso não é bom, porque você também precisa das coisas para você, não é? E o Paulo me leva a essa reflexão, a dirigir o olhar para mim também.

Essa forma de contemplar e de refletir o Paulo traz para mim e para o **Clube da Alice**. Quando ele se aproximou da comunidade, começou a transformá-la em um produto monetizado e com mais valor agregado para as Alices. E foi isso que nos encaminhou para o que o **Clube** é até hoje, pois não adianta, sem dinheiro não conseguimos fazer nada, por mais que nossos objetivos sejam maiores e humanos. O dinheiro é que viabiliza a concretização de algumas ações, de projetos e de empreendimentos. Vemos isso em nossa vida cotidiana.

Lembro quando Paulo e eu criamos o clube de assinaturas da comunidade – o *Alice de Carteirinha*, em que as Alices ganhavam a carteirinha quando participavam de um evento, quando faziam algo ou um post que se destacava. Isso foi ótimo, pois a carteirinha virou um objeto de desejo, e não só ela, mas o conceito de ser uma "Alice de carteirinha". Era algo que não tinha preço, mas muito valor, porque a Alice tinha de fazer algo para ganhá-la, ou seja, era a sua mobilização a condição para conquistar a carteirinha.

Eu me lembro como se fosse hoje quando o Paulo me apresentou a ideia de trazer esse valor agregado à carteirinha, explicando que haveria uma anuidade. Eu não dei muito crédito à ideia dele, dizendo: "Imagina que eu vou cobrar por algo que elas têm como presente!". Ao me ouvir, ele me respondia calmo e com clareza: "Sim! Você pode transformar isso. Você não está vendo que as pessoas querem a carteirinha, que elas estão pedindo para fazer parte disso? Elas querem. Você não pode só ficar criando desafios para as pessoas fazerem. Elas desejam ter a carteirinha! Elas querem ter algo do **Clube**. Por que não expandir o acesso a ela?". Posteriormente, eu entendi melhor a ideia do Paulo, pois tínhamos parcerias e um pacote de benefícios, ou seja, um valor agregado à carteirinha e ao desejo das Alices em obtê-la.

Então, essa outra forma de perceber e de lidar com as necessidades e os desejos que surgiam no **Clube da Alice** sempre vieram do Paulo. Isso porque sou uma pessoa que tem muita dificuldade em lidar com assuntos que envolvem dinheiro. Para mim, é difícil lidar com a parte financeira. Então, eu tenho o apoio do Paulo, a mentoria dele, e não só nisso, pois ele tem uma cabeça admirável, impressionante! Ele enxerga possibilidades de produtos, formas de monetizar, modos de viabilizar algo, além de ser um excelente vendedor. Penso que isso é que trouxe o equilíbrio do **Clube**, o que é bastante perceptível nos eventos da comunidade.

COLHENDO MAIS APRENDIZADOS NO E PARA O MUNDO DAS ALICES: ENTRE MITOS E REALIDADE

Já que lhe contei sobre alguns dos meus aprendizados relacionados ao **Clube da Alice**, quero lhe falar sobre outros que estão ligados ao modo como o Facebook funciona e aos equívocos, mitos e conflitos criados por pessoas que assumem e expressam um ponto de vista distorcido e adotam posturas e ações inadequadas quando há má interpretação, julgamentos e ponderações errôneas, radicais e não fundamentadas na realidade.

Eu me lembro com frequência de uma orientação bastante popular do psicanalista Jacques Lacan, que talvez você conheça e que tem muito a ver com isso que estou compartilhando com você. Nos anos 1970, ele afirmou: "Você pode saber o que disse, mas nunca o que o outro escutou"[10]. Essa frase continua muito atual e, em especial, nas interações em meio virtual, pois, muitas vezes, o que é expresso não é bem compreendido e rapidamente passa para a esfera do desencontro, do atrito, da acusação e da criação de mitos sobre algo, alguém ou uma situação.

Nesse desencontro entre o que é dito e o que é recebido, interpretado, há uma grande possibilidade de as pessoas se desentenderem e de se afastarem da realidade. Eu imagino que você já tenha vivenciado isso em algum momento e contexto da sua vida, assim como eu em minha vida pessoal, profissional e no **Clube da Alice**, claro. Contudo, quando isso ocorre no meio digital, seus efeitos negativos se dão de forma muito rápida, ampla e, portanto, ainda mais danosa.

---

10 SILVA, Kelly Cristina Brandão da; ALCANTARA, Kelly Cristina Garcia de Macêdo. A (in)corporeidade do professor em tempos de pandemia e educação a distância. **Revista da FAEEBA**: educação e contemporaneidade, v. 29, n. 60, Salvador, out./dez., 2020. Epub 24. ago. 2021. Disponível em: http://educa.fcc.org.br/scielo.php?script=sci_arttext&pid=S0104-70432020000400102&lng=pt&nrm=iso. Acesso em: 11 abr. 2022.

Talvez você se pergunte o porquê de eu me referir à criação de mitos a partir do que é expresso e do que é compreendido pelas pessoas. Porque é muito comum acontecer isso. Por exemplo, determinada pessoa não entende como algo funciona e, então, cria alguma coisa na cabeça dela a respeito disso; em seguida, vem outra pessoa que valida a loucura, o mito que a anterior criou, e a mentira vira uma verdade à medida que é reverberada. Infelizmente, isso acontece.

A maioria dos ataques que eu já sofri na internet até hoje foi por conta disso. Por exemplo, a questão do algoritmo das redes sociais. Houve situações, no **Clube da Alice**, em que a pessoa não entendeu o algoritmo do Facebook e que eu não fazia (e não faço) mágica alguma – não era por eu gostar da Maria ou da Joana que os posts delas tinham engajamento. Não tinha nada a ver!

Em momento algum da trajetória da comunidade eu determinei ou conduzi a forma como as integrantes da comunidade iriam reagir às postagens. Contudo, foi criado o mito de que eu tinha esse poder – quase como o da Rainha de Copas, de *Alice no País das Maravilhas*, a gritar "Cortem a cabeça dela! Cortem..."[11]. Já sofri muito por causa disso. Imagine só!

Se essa fosse a realidade do **Clube**, eu mesma não sofreria com o baixo engajamento do meu próprio post, não é?! Se eu fizesse essa mágica que algumas pessoas atribuem a mim, nenhuma postagem minha iria flopar[12], e eu iria ter 500 mil seguidores no meu Instagram, por exemplo. Enfim, esse foi mais um desafio que tive de superar no Facebook e na comunidade. Ao mesmo tempo que não foi algo fácil, avalio que me trouxe muito aprendizado, tanto sobre a dinâmica da rede social quanto da comunidade, no sentido de buscar compreendê-las melhor e, assim, poder esclarecer equívocos, desfazer os mitos que circulavam por ideias e ponderações equivocadas ou desconhecimento das integrantes do **Clube** sobre a transparência com que agíamos (e agimos).

---

11 CARROLL, Lewis. **Alice no País das Maravilhas**. Tradução: Nicolau Sevcenko. São Paulo: Cosac Naify, 2009. p. 94.

12 Fracassar, não obter o resultado esperado, frustrar.

Na época, nós não tínhamos as ferramentas que, hoje, estão disponíveis no Facebook. Era ofertada apenas a função de administrador. E o que isso significava? Que a pessoa que tinha essa função no grupo conversava com as integrantes com sua identificação pessoal, sem vinculação com sua identidade de administrador. Compreende?

Hoje, já é possível que as administradoras da comunidade tenham a identidade **Clube da Alice** para conversar com as integrantes, e isso faz toda a diferença quando é preciso resolver alguma questão, algum problema dentro da comunidade. Isso porque tira a implicação pessoal: não é a Mônica que está falando, mas, sim, o **Clube da Alice**. Portanto, essa mudança do Facebook foi muito boa porque, dessa forma, as pessoas não julgam as ações de quem exerce a função de administradora do grupo como algo pessoal.

Agora que você já compreendeu como funcionava a administração de um grupo do Facebook no passado, vou lhe contar um dos problemas pelos quais passamos e que nos levou a aprendizados. Uma mãe fez um post contando que o filho dela lavava a louça em casa, colocou uma foto da criança lavando a louça e escreveu que estava criando um príncipe, que o criava para saber fazer as coisas etc. A história bombou e essa mãe foi parar em tudo que foi programa de televisão, de rádio, virou notícia e tudo mais.

Quando algo assim acontece, as outras olham e falam: "Se eu fizer um post assim, ele vai fazer sucesso também". Essas são as ondas. E a respeito delas, eu sempre ensino para quem vai trabalhar conosco na moderação do grupo que precisamos ter cuidado com as ondas. Desse modo, já sabemos que, ao se iniciar uma onda, teremos muitas pessoas postando daquele mesmo jeito. Só que a comunidade não aguenta tanta postagem igual. Torna-se chato, desinteressante.

Então, começou a onda das postagens sobre os filhos: "o meu filho pintou a casa", "o meu filho cuida do jardim", "o meu filho isso", "a minha filha aquilo"... Até que eu fui contatada por uma pessoa que me informou que o que estava acontecendo no **Clube** não era permitido, ou seja, as crianças não podiam ser expostas daquela maneira, pois postagens como essas poderiam caracterizar trabalho infantil. O legal foi que essa pessoa me contatou com o intuito de contribuir com a comunidade, pois a conhecia e sabia da seriedade e das intenções com que agimos. Essa pessoa percebeu que não havia o viés do trabalho infantil em nossos princípios e nos aconselhou a excluirmos esses posts porque davam margem à interpretação de que se tratava de trabalho infantil.

Veja você que delicado! Esse é um aspecto, um assunto difícil de se achar o equilíbrio, não é? Com base nessa orientação, tivemos de analisar esses posts: ensinar uma criança a lavar louça em sua casa não é considerado trabalho infantil, mas pintar a casa e ajudar no comércio já caracterizavam trabalho infantil.

É possível que você questione: "Mas, Mônica, o **Clube da Alice** não tinha regras?". Sim, ele sempre teve suas regras, mas muitas delas foram criadas de acordo com o que fui aprendendo. Há outro aspecto muito importante das regras que desejo esclarecer: as regras do grupo são vivas, por isso são adaptadas e atualizadas.

Posteriormente, pedi a uma das moderadoras da comunidade para que ficasse responsável pela retirada dessas publicações. Assim ela procedeu: fazia uma busca por esses posts, enviava mensagem a quem fez a postagem e explicava o porquê da exclusão. Porém, foi excluído por engano um post que não se encaixava nessa situação. Imagine-se nesta situação, de excluir várias postagens – a probabilidade de se enganar é grande, não é? Nesse caso, foi excluído um post em que uma mãe apenas postou a foto da filha, que era lindíssima, e a mãe estava procurando uma agência de modelo para a menina.

Portanto, nessa postagem estava tudo certo, mas como estávamos nessa onda de "criança" e tínhamos a orientação daquela pessoa sobre o cuidado que deveríamos ter com posts sobre crianças, ela acabou sendo excluída também. Infelizmente, a moça que havia criado a postagem interpretou que a exclusão ocorreu pelo fato de a criança ser negra. Logo, para ela, a retirada da postagem foi motivada por racismo. Aí, essa moça fez um "auê" e publicou um vídeo, dirigindo essa acusação especificamente a mim, não ao **Clube da Alice** ou à sua moderação, dizendo, entre outras coisas, que eu era racista e que ela havia sofrido racismo no **Clube**. Imagine que situação foi essa e como me senti não só com relação a mim, mas também à comunidade.

Essa é uma das implicações quando você se destaca em um meio, em um contexto. O pacote vem completo: vem o que é bom e o que é ruim. Assim sendo, essa moça acessou a minha página pessoal e publicou esse vídeo me acusando de racista, além de escrever várias coisas horríveis, injustas e não verdadeiras.

Já pensou se isso tudo ganha engajamento? Quais seriam os efeitos dessa ação? Terríveis! A minha sorte foi que a publicação dela não engajou, pois ela poderia ter acabado com o **Clube da Alice** só com essa ação totalmente equivocada dela. Eu me lembro que o sócio do meu marido, em uma empresa de produção cultural, que é advogado, orientou-me a respeito, inclusive informando que o que ocorreu não caracterizava racismo e que conseguiríamos comprovar isso e, assim, reverter toda essa história, mas que seria uma ação delicada.

Então, fizemos uma reunião em um escritório de advocacia para expormos o caso e sermos orientados sobre toda essa situação, e o que houve foi muito rico, porque profissionais de diferentes áreas participaram da reunião com o intuito de compreender o que é e o que significa um grupo do Facebook, como é e o que caracteriza a exclusão de alguém desse grupo, entre outros aspectos. Enfim, desenvolveu-se uma discussão bastante pertinente e fértil sobre tudo o que envolvia a situação e sobre as implicações, financeiras, inclusive, advindas de uma ação judicial.

Posteriormente, conversei com as meninas que trabalhavam comigo no **Clube**, lhes expliquei tudo e disse que teríamos de enfrentar essa situação. Isso porque, se houvesse uma ação jurídica, ela envolveria todas as moderadoras da comunidade, mesmo que as acusações tivessem sido direcionadas a mim. Na sequência, quando a moça que fez toda essa acusação observou a grande proporção que sua ação tomou e o que ela implicaria juridicamente, pediu desculpas e a história morreu.

Claro que passamos por outras situações que nos levaram a entender e aprender mais sobre o meio digital e as redes sociais, como quando sofremos um ataque digital e tivemos de buscar uma solução. Entendo que, para além das especificidades dos problemas, o que sustenta e norteia o meu trabalho é o envolvimento, não importa o dia, a hora e o que ocorreu, se algo bom ou ruim. Ora, se você está em um negócio digital, não há como se envolver apenas em dias de semana e no horário comercial. Esse ataque digital, por exemplo, ocorreu em um fim de semana e tive de ir buscar soluções imediatas; inclusive, uma amiga minha veio me ajudar a solucionar os impactos dessa invasão digital.

Como empreendedora, entendo que as parcerias que estabelecemos em nossos projetos e em nossos negócios se dão por complementação, ou seja, uma parte suplementa a outra, caminham juntas, mas também há a individualidade, o perfil pessoal e está tudo bem quando compreendemos isso e sabemos avaliar se é possível continuar essa parceria ou não e de que forma. Ou seja, é preciso termos consciência disso, maturidade na forma de nos relacionarmos, de analisarmos situações, contextos, mudanças, modos de ser, na compreensão dos anseios de cada um para o empreendimento e das necessidades demandadas por ele.

Penso que, ao contemplarmos esses aspectos e não nos esquecermos de que há ciclos em tudo o que realizamos, inclusive em nossas relações, conseguimos levar as coisas a bom termo e de forma mais leve e sem ressentimentos. Portanto, para vivermos bem, precisamos entender que nada é para sempre, seja algo bom ou ruim. Assim, terminar ciclos e iniciar novos se torna algo mais orgânico, fluido em nossa vida.

Vejo que as pessoas fecham muitas portas. Ora, não é porque algo não deu certo em determinado ciclo que não haverá êxito no próximo. Muitas vezes, o fechar de portas é motivado por raiva, ressentimento etc. Isso só faz mal para a própria pessoa que os sente. Eu não guardo raiva de ninguém, pois acho que tudo passa. Não há por que eu ficar guardando algo que não me levará a nada a não ser causar mal a mim mesma, cultivando esses sentimentos em mim. Até porque, nós não sabemos todas as circunstâncias que envolvem uma situação: como está a outra pessoa, por quais problemas ela está passando, se seu estado emocional permitiria que a pessoa agisse de outro modo, que batalhas ela está enfrentando secretamente... Enfim, cada pessoa tem seus momentos. Então, não dá para guardarmos rancor ou alimentarmos raiva das pessoas. Isso faz mal a nós mesmos.

Refletir com você sobre essa questão, de cada pessoa ter seu momento e entendermos isso, fez-me lembrar da reunião que organizei (com a autorização da administradora do grupo) com as mulheres daquele primeiro grupo do Facebook sobre o qual já lhe falei aqui. Na reunião, expus a todas aquelas mulheres empreendedoras a minha ideia de estabelecermos conexões entre nós, em que uma daria desconto para outra, afinal, as áreas de atuação eram diversificadas (donas de loja, de salão, de agência de pessoas prestadoras de serviços de limpeza e conservação, entre outras). Assim, criaríamos uma rede de apoio, de desenvolvimento no grupo. Lembro que falei bastante e expliquei todos os detalhes dessas conexões e os pontos positivos, que seriam mútuos. Note que eu já enxergava a essência do **Clube da Alice** ali, mesmo sem tê-lo concebido como tal.

E como foi a receptividade? Inexpressiva, se posso assim dizer. Isto é, parecia que eu não havia dito nada. O silêncio se fez presente, até que uma delas falou: "Vamos comer a pizza?!". Ora, ela tinha acabado de jogar uma pá de cal em tudo o que apresentei.

Ao voltar para casa, fiquei pensando se essa ideia era tão descabida, ruim ou desinteressante, e entendi que talvez não fosse o momento, que a minha proposta não foi ao encontro do que aquelas mulheres desejavam em suas atuações como grupo, ou que talvez elas não sentissem a necessidade de estabelecer relações como as que eu estava propondo. E tudo bem, não é?

Ponderei que, para mim, essa ideia tinha todo o sentido, pois eu sempre vi isso na maçonaria. Esse foi um exemplo muito forte que veio por meio do meu pai, que é maçom. A maçonaria é incrível no que faz pelos homens nas diversas conexões que estabelece. O meu pai tem uma segurança de ser maçom que é impressionante. A confiança e a irmandade entre eles é tão forte, tão forte que ele tem certeza de que, se acontecer qualquer coisa com ele, os outros irão socorrê-lo. Não é à toa que se chamam de irmãos.

No que diz respeito ao empreendedorismo, os maçons têm o entendimento de que se você vai comprar algo, por que não comprar de um irmão maçom? Por que não prestigiar um irmão? É isso que eu almejei e vejo existir no **Clube da Alice**, ou seja, essas conexões são uma realidade entre as Alices.

Conexões que não se restringem aos negócios, mas também às histórias de cada empreendedora, de cada mulher que faz parte dessa irmandade chamada **Clube da Alice**. Essa é uma das razões pelas quais eu digo que realizamos um empreendedorismo humano, significativo, positivo, visto que seu valor está nas relações para além dos negócios realizados na comunidade.

Então, o que podemos compreender com tudo isso? Que precisamos nos desapegar de sentimentos que nos limitam ou nos aprisionam de diversas formas, como a raiva, a mágoa e o ressentimento. Imagine você se eu tivesse me sentido assim quando as integrantes do primeiro grupo do Facebook que integrei rejeitaram a minha ideia? Eu a teria enterrado nos porões da minha cabeça e o **Clube da Alice** não estaria aí fazendo a diferença na vida de tantas Alices e da sociedade, por meio de ações sociais diversas e dos projetos dos quais participa, inclusive projetos oficiais do Facebook, que buscam parcerias com pessoas que desejam contribuir para a melhoria do mundo.

Pense no grande potencial do Facebook – em 2021, em matéria publicada na Gazeta do Povo[13], foram divulgados números fantásticos sobre as comunidades virtuais: 1,8 bilhão de pessoas utilizam grupos do Facebook, sendo que 70 milhões delas os lideram como administradoras

---

13   BERLITZ, Mônica Balestieri. Quem lidera os líderes virtuais em grupos no Facebook? Gazeta do Povo, Curitiba, 14 mai. 2021. Vozes: Unidos pelo amor. Disponível em: https://www.gazetadopovo.com.br/vozes/unidos-pelo-amor/quem-lidera-lideres-virtuais-grupos-facebook/. Acesso em: 17 mar. 2022.

ou moderadoras. Como administradora do **Clube da Alice**, vivencio esse potencial, então, não estou falando apenas baseada em números.

Além disso, conheci Diana Engel Gerbase, gerente de parceria para comunidades do Facebook para a América Latina, no Community Day, em 2019, evento voltado para as comunidades da rede social e realizado na sede do Facebook, em São Paulo. No evento, ela confirmou que a missão da rede social é proporcionar às pessoas o poder de criar comunidades e, assim, aproximar o mundo, sendo os grupos uma parcela importante da experiência das pessoas no Facebook. Daí a rede social estar sempre buscando oferecer condições para experiências melhores a quem cria, gerencia, modera e participa das comunidades na rede social, o que reflete de forma significativa nas conexões entre seus integrantes e na sociedade.

Você tem alguma dúvida de que tanto a concepção quanto o propósito do **Clube da Alice** têm tudo a ver com o que o Facebook objetiva proporcionar para as comunidades virtuais? Não, não é? Novamente, as sintonias, as reverberações, as escolhas, os encontros e as conexões se fazem presentes. Eles sustentam a diversidade das comunidades – de propósitos, de aspectos culturais, de experiências, de membros, de conteúdos, de formas de acolhimento, de linhas de atuação, de histórias e de histórias dos integrantes.

O **Clube da Alice** tem uma pitada de cada elemento desses, além do respeito, da empatia, do incentivo mútuo e de ações sociais e empreendedoras entre suas integrantes. Portanto, esses elementos também sustentam a moderação da comunidade. É toda essa riqueza de posicionamentos e de escolhas e a superação de limitações e de dificuldades que fazem com que a comunidade seja reconhecida por realizar mudanças significativas na vida de cada Alice, de cada pessoa contemplada por ações e projetos sociais em que a comunidade se envolve.

Eu mencionei escolhas, não é? Eu as vejo como elemento essencial, tanto do DNA do **Clube da Alice** quanto do que nos faz ser o que somos e procuramos ser em nossa melhoria contínua. Compartilhar esse meu entendimento com você trouxe à minha memória uma frase do grandioso professor Dumbledore, personagem da saga Harry Potter, a qual eu já lhe disse que amo, lembra-se?! Em *Harry Potter e a Câmara Secreta*, Dumbledore diz a Harry: " (...) São as nossas escolhas, Harry, que revelam o que realmente somos, muito mais do que as nossas qualidades"[14]. Portanto, são nossas escolhas e o nosso comprometimento que nos revelam. Esses princípios são muito fortes na essência do **Clube da Alice**, ou seja, presentes em sua estrutura, na forma de conduzi-lo (moderá-lo), em sua inter(ação) e em seus valores.

---

14 ROWLING, J. K. **Harry Potter e a câmara secreta**. Tradução: Lia Wyler. Rio de Janeiro: Rocco, 2000. p. 236.

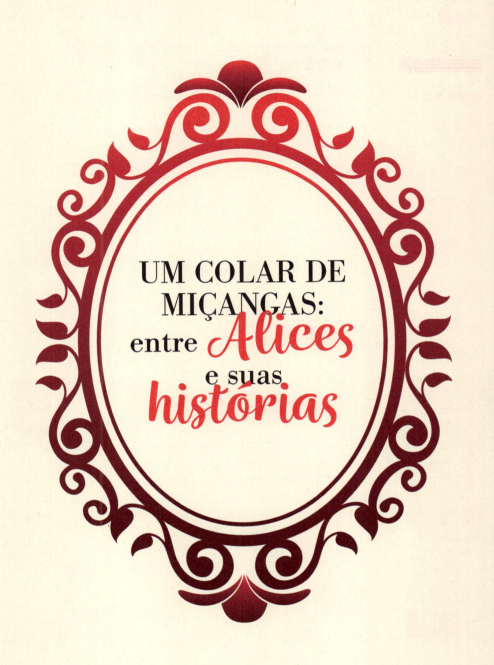

Escolhas... A escolha por mudanças, a escolha por confiar em sua capacidade, a escolha por empreender, a escolha pela sororidade, a escolha por reinventar-se, a escolha por conexões, a escolha por fazer parte de uma comunidade, a escolha pela liberdade de ser você mesma em um espaço de acolhimento, incentivo, aprendizados, apoio e compartilhamento de histórias. É assim que vejo as histórias das Alices que fazem parte da comunidade – cada uma é uma valiosa miçanga de um colar no qual vidas, sonhos, transformações, histórias e empreendedorismo se entrelaçam e se realizam.

Essa imagem do "colar de miçangas" me veio de um dos contos de Mia Couto, *O fio e as missangas*[15], em que o narrador diz: "A vida é um colar"[16]. E, ao imaginar esse colar de Alices e suas histórias de vida, eu me lembrei de uma que me emocionou muito: a história da Naty. Ela é filha da nossa Alice Patrícia Drosda Amadei e a sua história foi contada no grupo por sua tia, a Alice Regiane Drosda Lima.

Desde o seu nascimento, Naty é portadora de fibrose cística e, em 2022, ela tem passado longos períodos internada no Hospital Pequeno Príncipe, sempre rodeada de muito carinho da mãe, de seus familiares, da equipe médica e de muitos fios e variadas miçangas, com os quais cria formas e luzes nas pulseiras e nos acessórios que produz quando se sente disposta em sua luta contra a doença.

A Naty é encantadora! É com espontaneidade e alegria que ela desenvolve o seu empreendimento. Sim, ela empreende e o faz com muita dedicação e carinho, tanto ao produzir suas peças artesanais quanto ao ofertá-las às pessoas. Ela tem clientes entre as enfermeiras, médicas, visitantes e seus seguidores no Instagram, pois a Naty faz publicações e divulga seus produtos com a simpatia, a alegria e a leveza que são só dela!

Assim, ela ganha seu próprio dinheiro para comprar o que deseja. E não é só isso! Ela também compartilha conteúdos sobre a doença,

---

15 Ortografia da palavra no português de Portugal. Mia Couto é um escritor moçambicano, país africano que faz parte da comunidade dos Países de Língua Portuguesa.

16 COUTO, Mia. **O fio das missangas**. São Paulo: Companhia das Letras, 2016. p.68.

divulgando informações sobre como identificar sintomas, tratamentos e sobre assuntos relacionados à sua idade e rotina. E tudo isso a faz muito feliz!

É com a história da Naty, mais uma iluminada e vibrante miçanga que tive a grata oportunidade de conhecer por meio da comunidade, que eu trago, aqui, outras "miçangas-Alices" que compõem essa preciosidade que é o "colar **Clube da Alice**".

Em nossa comunidade, eu vejo cada Alice e sua história nesse colar – cada uma é uma miçanga com seu brilho próprio, com sua identidade, busca, transformação e com sua história –, e juntas iluminam-se e transformam-se mutuamente. São essas histórias de vida e de empreendedorismo que fazem a conexão entre elas, entre elas e a missão do **Clube da Alice**, entre seus empreendimentos e, claro, entre elas e seu entorno.

Então, eu trago, por meio de um gostoso e sincero diálogo, um pouco da história de algumas dessas miçangas do **Clube da Alice**, para você compreender melhor o que eu já lhe contei sobre elas e sobre o papel da comunidade. Para isso, cada uma delas narrará como ingressou na comunidade, qual foi sua motivação, entre outros detalhes de sua história como Alice.

O relato de cada uma foi coletado a partir de um roteiro de questões, para que você possa ter a visão do que reverbera nelas em relação aos mesmos aspectos, ou seja, além de conhecer as histórias dessas Alices, você também poderá conhecer como elas percebem a comunidade, que relação têm com ela, qual é a representatividade, ou seja, o papel do **Clube** para cada Alice e, consequentemente, para o entorno em que cada uma atua e interage socialmente e de forma empreendedora.

Então, vamos a esse diálogo em que relatos são compartilhados e que já foi iniciado com a história da menina Naty!

Quem nos contará um pouco da sua história e de um certo encontro que proporcionou novos caminhos e um novo modo de bater as asas da comunidade Clube da Borboleta é a Fabíola Medeiros, fundadora dessa comunidade. Em 2012, Fabíola criou sua comunidade com o intuito de empoderar mulheres para que se tornassem agentes de sua própria transformação e de seu entorno. Já quero revelar, aqui, que além desse propósito comum entre as nossas comunidades (que não é o único!), ambas temos uma mesma paixão: a fotografia! Fabíola, fique à vontade para fazer o seu relato!

Borboletas voando no País das Maravilhas

Fabíola Medeiros

Gratidão, Mônica, pela oportunidade! É muito bom poder contar, mesmo que brevemente, como foi o nosso encontro e o que ele tem possibilitado para as nossas comunidades, pois temos realizado muitas trocas, aprendizados e voos conjuntos, sendo um deles o empreendedorismo.

Nós temos uma ligação muito forte com você. O meu grupo, a minha comunidade é mais antiga que a sua: a minha tem 10 anos e a sua 8. Nós do Clube da Borboleta já estávamos nessa jornada que nos é comum enquanto comunidades, mas que cada uma a faz do seu jeito, que é a conexão entre mulheres, porém nós não tínhamos o foco empresarial. Explico: o Clube da Borboleta começou como um grupo no Facebook, que integrou, em princípio, mulheres de Ribeirão Preto e região, com o intuito de que suas "borboletas" pudessem interagir, trocar experiências, apoiando-se e se conhecendo. Contudo, nós não tínhamos o foco empresarial, empreendedor que o **Clube da Alice** possui, que você administrou em sua comunidade, Mônica.

O nosso encontro se deu quando eu me tornei uma Alice... E como isso ocorreu? Eu fui dar uma palestra na PUC de Curitiba e, quando cheguei na cidade, as meninas me adicionaram no **Clube da Alice**. Eu me lembro que já fiquei curiosa (pensei: "Menina, mas o que é isso?"). Então, eu vi que tinha tudo a ver com o Clube da Borboleta, só que agregava o foco empresarial. Eu disse para mim mesma, admirada: "Cara!". Chamei a minha sócia, Nina, e disse a ela: "Precisamos seguir os passos dessa mulher!". Então, começamos a eventualmente frequentar a sua comunidade e notamos algumas diferenças, até pela parte cultural de vocês aí do Sul, as diferenças geográficas e tudo mais, mas também notamos que havia muita coisa nela que era inspiradora para nós.

A partir de 2016, apenas – minha comunidade é de 2012 e a sua de 2014 –, com a entrada da Nina no Clube da Borboleta é que nós efetivamente demos o ar empresarial para a coisa toda, ou seja, para a comunidade.

Quero ressaltar que as comunidades não fazem coisas iguais, mas são paralelas. Cada uma do seu jeito, realizando coisas paralelas. Nesse sentido, você sempre foi inspiração para mim, Mônica. Eu segui os seus passos. Você é um fenômeno!

Um dia, nós fomos colocadas, pelo próprio Facebook, em um grupo chamado Power Admins, composto por 2 mil membros, selecionados por seu desempenho na gestão de comunidades. Eu estava comentando no grupo e vi você lá. Eu falei: "Cara! É agora! Eu vou me comunicar com ela!". Então, eu respondi a um comentário seu. Passaram-se alguns minutinhos e estava lá: "Mônica Berlitz respondeu seu comentário." Eu quase infartei, porque já era sua fã! Você respondeu: "Ah, então, você já me segue!". Respondi que sim e começamos a trocar ideias. Eu não me lembro de como foi a nossa aproximação, mas ela aconteceu! Você me passou seu WhatsApp e começamos a conversar.

Eu quase infartei de novo! Eu brincava com o pessoal da nossa equipe: "Quem mais tem o WhatsApp da Mônica? Lá, lá, lá...". Foi um momento muito legal, pois, como eu disse, eu sou sua fã e sou grata pela sua existência e do **Clube da Alice**, porque o Clube da Borboleta, muito provavelmente, nunca tomaria o rumo empresarial que tomou se eu não tivesse me inspirado em você, Mônica. Isso porque nós estávamos fazendo a nossa função social e de utilidade pública, mas nós não tínhamos ideia de como isso poderia monetizar, como a nossa comunidade poderia se tornar uma empresa, até pela trabalheira que dava.

O próprio Facebook se interessou pela nossa existência apenas em 2019, quando surgiram oportunidades. Estas surgiram para mim e para você ao mesmo tempo, o que indicou que estávamos fazendo o trabalho direitinho e realmente muito parecido. Apesar de – eu sempre faço essa ressalva – cada uma ter o seu jeito e a sua jornada. Você, Mônica, para mim, sempre está em primeiro lugar, porque você é a nossa fonte de inspiração. Inclusive, toda vez que tenho oportunidade, faço questão de trazer isso a público.

Você é inspiração, Mônica! Você é digna de toda a admiração! E outra coisa que eu acho importante é a sua generosidade. Como você é generosa em dar oportunidades para outras pessoas, e isso é importante! Eu acho que esse é o diferencial. Todo mundo fala para mim: "Ah, Fabíola! Você é muito generosa! Você dá oportunidades...". E eu brinco com você que nós duas somos muito parecidas em muitas coisas: você é fotógrafa, eu também sou... nós temos muita coisa em comum! Até o nosso carro é igual!

Quando eu ou você fazemos alguma coisa, a Nina para, olha e fala: "Gente! Vocês são muito iguais!". Só que você, Mônica, transcendeu, foi a um nível acima! Então, eu fico na sua cola porque dá certo. Pelo menos na minha concepção, você é um exemplo a ser seguido, e que bom que temos tido a oportunidade de desfrutar desse nosso encontro na vida e em nossos projetos. Gratidão, Mônica!

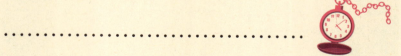

Que delícia ouvi-la contando sobre como nós nos encontramos e como as nossas comunidades foram se aproximando, trocando aprendizados, Fabíola! É muito gratificante ter feito parte, de alguma forma, do caminho empreendedor do Clube da Borboleta, compartilhando o que aprendi e desenvolvi no e para o **Clube da Alice**. Aliás, nada mais coerente com o que ocorre no interior das nossas comunidades: o apoio, a transformação, as conexões entre as mulheres que delas fazem parte para que cresçam, sejam "agentes de transformação", como você diz muito bem, Fabíola!

Sim, temos muitas coisas em comum, seja por meio das nossas respectivas comunidades, seja pela generosidade, que igualmente vejo em você, seja pelo nosso amor pela fotografia, seja pela admiração mútua! A gratidão também é minha, Fabíola!

Agora, eu chamo mais uma Alice. Quem tem a palavra é a Danielle Cristine Hildebrand Vieira. Você, Dani, tem uma história muito legal com o grupo, pois foi nele que você tomou coragem para mostrar um produto superbacana que produzia para sua família e amigos e que já fazia muito sucesso entre eles: uma pizza doce com massa de brownie! O produto fez tanto sucesso que você foi parar na página oficial do Facebook, que enviou uma equipe para gravar com você aqui em Curitiba. O seu vídeo teve mais de 10 milhões de visualizações e você ficou famosa no Brasil todo!

A concretização de seu desejo e a descoberta de si mesma

Danielle Cristina Hildebrand Vieira

Obrigada, Mônica! Muito bom poder compartilhar um pouco da minha história!

Eu sou uma Alice há mais de seis anos e fui convidada por uma amiga para ingressar na comunidade. Ao aceitar o convite, a minha motivação foi mostrar ao mundo as minhas habilidades, que, até então, eram conhecidas apenas pela minha família e amigos. Claro que é muito importante ter esse reconhecimento das pessoas que amamos, mas eu acreditava que poderia mostrá-las e oferecê-las a mais pessoas por meio do meu trabalho.

No **Clube da Alice**, descobri que esse meu desejo não se restringia a ter minhas habilidades reconhecidas pelas pessoas, mas, sim, ser descoberta por mim mesma. E essa descoberta veio quando entendi o que é ser uma Alice: ser descoberta por si mesma. É assim que entendo e sinto o que é ser uma Alice, Mônica.

Posso dizer também, por vários motivos, que o **Clube da Alice** foi a melhor coisa que me aconteceu! Além de eu me conhecer melhor, pude e continuo a criar laços de amizade a cada dia. Eu lhe pergunto: existe melhor forma de estar e atuar no mundo se não for por meio desses laços? Não, não é mesmo? Eu posso afirmar isso com toda certeza, pois tanto a minha história de vida quanto a trajetória do meu empreendimento mudaram muito quando me tornei uma Alice. E isso aconteceu do dia para a noite. Foi impressionante!

Antes, eu fazia guloseimas só em casa e, em poucos dias, após uma publicação na comunidade sobre uma invenção minha, vi minha vida mudar completamente. Com isso, entrei em vários lares! Bem, preciso dizer que, em um primeiro momento, fiquei assustada, chorei e achei que não daria conta, mas deixei o medo de lado e me joguei nesta nova jornada. Olha, foi a melhor decisão que tomei, pois a minha invenção é tão deliciosa que encantou e encanta a todos que a experimentam. Em pouco tempo eu já estava trabalhando dia e noite! Na época, fui convidada por todas as redes de televisão de Curitiba para mostrar a minha invenção. Tudo isso graças a uma publicação no **Clube da Alice**!

A conexão entre as Alices é muito instantânea e positiva, e eu não estou falando apenas em relação ao produto que ofereço, mas à ligação com outras Alices e com minhas clientes, pois o **Clube** proporciona isso. Nós nos conectamos com nossas histórias e essa relação é contínua, muito próxima e de muita confiabilidade.

Tanto é assim que tenho clientes que são muito fiéis a mim e à minha história. Temos uma relação de confiança que é tão forte, que algumas das minhas clientes me procuram mesmo quando estão interessadas em algo que eu não faço, mas que eu poderia fazer. Ou seja, eu sou a primeira escolha delas e, se não der certo a minha tentativa, elas pedem que eu indique alguém a elas, pois confiam em mim.

Logo, não há como eu não reconhecer como importantíssima a função do **Clube da Alice** nesse meu projeto de vida, pois, além de possibilitar conexões positivas, a comunidade transmite credibilidade, ou seja, as pessoas sentem-se seguras em comprar algo de uma Alice, e isso se estende às relações de amizade, como comentei. Eu sou prova disso, pois fiz e continuo fazendo tantas amizades que não posso dizer que tenho apenas clientes, mas, sim, que tenho amigas.

Acredito que isso ocorra pela forma como a comunidade promove as relações dentro do empreendedorismo feminino que promove. Todos os dias, no **Clube**, vejo histórias que me emocionam e evidenciam como ele tem mudado vidas – pessoas que tinham medo de mostrar suas habilidades, assim como eu, e que, no **Clube**, sentem-se livres para fazer isso. Nele, todas as Alices são abraçadas, recebem elogios, fazem comentários e também recebem puxões de orelha quando é necessário, pois é isso que uma amiga faz para ajudar a outra. Há também as pessoas que começam fazendo algo e que, por algum motivo, não conseguem ter êxito em seu empreendimento, mas que desejam permanecer no **Clube** por causa dos laços que criaram, e isso faz com que busquem novas ideias e não deixem de participar e de acompanhar cada nova história de uma Alice. Ou seja, há espaço para todas!

E são tantas as histórias que, diariamente, além de me trazer emoção, o **Clube** têm agregado muito e de forma positiva na minha vida. Eu me lembro de uma delas em especial, que foi compartilhada quase na mesma época em que a minha história apareceu na comunidade: a da Fabiana Cristina, que venceu o câncer e montou um grupo de corrida no período em que passava pelo tratamento, pois buscava companhia para fazer uma atividade física.

Ela tinha tantas razões para desistir, para ser uma pessoa amarga com a vida, mas não foi isso o que ocorreu. A escolha dela foi outra, a do sorrir. Ela sempre estava com um sorriso no rosto, levando e buscando pessoas para estar com ela nos parques. Lembro-me de, a partir dela, ter olhado para mim e percebido que eu estava cômoda em casa e que eu poderia, sim, levar doçuras para muitos lares.

Então, a comunidade é, sim, um espaço de aprendizados, que são oportunizados e construídos diariamente por meio das diversas ações do **Clube** e da interação entre as Alices. E o melhor é que isso acontece entre amigas, pois todas somos amigas lá.

Ah! Também me chama a atenção a atuação social do **Clube da Alice**, pela sua diversidade e por trazer o lado humano com o empreendedorismo, ou seja, na comunidade não há somente oportunidades de compra e venda, mas ações voltadas para a questão humana. Há Alices que estão na comunidade porque gostam do lado humano que ela traz em si, seja na interação que promove entre as integrantes, seja nos projetos em que se envolvem. É tanta coisa que o **Clube** já fez e faz, como campanhas, corridas, arrecadações, que seria impossível falar sobre tudo aqui. Uma coisa linda de se ver! Não é à toa que, quando alguém diz ser uma Alice, seus olhos brilham.

Há também espaço para a diversão e para a graça, pois onde há amizade, além do crescimento, elas também estão presentes. E assim também é na comunidade! Eu me lembro de uma história engraçada que envolveu, você, Mônica, e eu: na época, eu estava muito na mídia e sempre aparecia com você. Por conta disso, recebi muitos pedidos para conseguir fotos com você. Além disso, o seu WhatsApp era objeto de desejo de muitas meninas. Eu sempre dava um jeitinho de despistar, dizendo que conversaria com você. Você era uma celebridade e eu não sabia. Quando me lembro disso dou risada, pois você é igual a qualquer outra pessoa. O carinho e a admiração que as pessoas têm por você, Mônica, são lindos, e tudo isso porque você mudou e continua a mudar vidas, de forma próxima e com a simplicidade, a simpatia e a empatia em seu jeito de ser.

Puxa! Muito bom receber o seu relato, Danielle, e sentir nele tanto carinho e verdade no que você relata! Muito obrigada! E você, Geovanna Finati Moreira Fuchs, o que achou do que a Danielle nos relatou e o que você gostaria de nos contar?

O duplo apoio recebido das Alices

Geovanna Finati Moreira Fuchs

Adorei, Mônica! E por falar em história engraçada com você, vou começar a contar a minha história no **Clube da Alice** por uma situação assim. Um dia, você veio à minha casa me entrevistar para uma reportagem para o programa Balanço Geral, da RIC TV. Aquela manhã foi só de risadas, uma energia incrível e um astral maravilhoso! Você, Mônica, é sempre divertida. Até a minha avó, que é uma portuguesa brava, divertiu-se com você naquele dia. A Danielle tem razão, entre amigos há a graça e a diversão.

Amizade é o que todas nós encontramos na comunidade, e comigo não foi diferente, a começar pela forma como ingressei, sendo convidada por uma amiga. Além disso, o que me motivou a participar da comunidade foi perceber como ela é formada por mulheres fantásticas, que se apoiam e se incentivam mutuamente sem se conhecerem. E comigo foi o mesmo, tanto que estou no **Clube** há seis anos. É muito boa essa troca!

Ser uma Alice é uma honra para mim! É maravilhoso poder fazer parte de um grupo que agrega tanto sentido em nossas vidas. E isso não se restringe à vida das Alices, mas de todas as pessoas que se envolvem, de alguma forma, com suas ações e interações, como ocorre inclusive na atuação social do **Clube da Alice**, que é extremamente importante e necessária.

Para mim, é gigantesca a importância do **Clube**, e não digo isso só pelo lado profissional e empreendedor que ele promove, mas também pelo pessoal. Isso porque pude vivenciar esse apoio em meu processo de luto, quando postei, na comunidade, que gostaria de poder conversar com Alices que também tivessem vivenciado ou estivessem vivenciando a perda de entes queridos. Mesmo eu sendo nova na comunidade, fui tão bem acolhida, fiz amizade com muitas Alices incríveis, que têm me ajudado muito nesse processo do luto – principalmente você, Mônica.

Além desse apoio, recebi outro igualmente valioso do **Clube**. Eu estava no início da minha jornada como maquiadora e não tinha dinheiro para comprar maquiagens novas para o meu trabalho. Então, meu marido, na época meu namorado, comprou tudo o que eu precisava e me incentivou muito. Porém, eu não achava modelo para divulgar o meu trabalho. Então, meu pai se ofereceu como modelo. E adivinha só?! Bombou a minha postagem com a maquiagem que fiz nele! Lembra, Mônica?

Foi muito legal, porque as Alices entraram na brincadeira! E olha que eu cheguei a pensar que poderia ser negativo, mas todo o carinho que recebemos foi muito positivo. Então, eu devo muitas coisas ao **Clube da Alice**. Entre elas, a alegria! Aliás, posso dizer que essa é uma das funções da comunidade – para mim tem sido, principalmente nesse período de luto. O **Clube** tem sido o lugar onde alegro meus dias, seja por um post de superação ou engraçado, seja por me conectar com muitas Alices por meio da minha história e da história delas.

Também vejo essa conexão nas relações sólidas e de muito respeito e carinho que são estabelecidas no empreendedorismo feminino incentivado pela comunidade. Compartilhamos e nos aproximamos da história uma da outra e não há como não nos emocionarmos e trazermos algo de positivo para a nossa própria vida. E são tantas as histórias com esse poder!

Diariamente, é possível colhê-las no **Clube da Alice**. Uma das minhas preferidas é a história da Mellow, a cachorrinha cuja dona fazia doces para ajudar a custear o seu tratamento. E que doces deliciosos! Nessas trocas oportunizadas pela comunidade, aprendemos muito umas com as outras em diversos momentos, navegando pelo **Clube**.

UM COLAR DE MIÇANGAS: ENTRE ALICES E SUAS HISTÓRIAS

É verdade, Geovanna, nossas trocas na comunidade são sempre de muito aprendizado e de muito amor, assim como ocorreu com você. Gratidão por trazer a sua história! E você, Rose Lima, concorda com a Geovanna? E o que você gostaria de contar sobre sua história como Alice?

Antes de você iniciar o seu relato, Rose, quero dizer que você tem uma história muito legal, pois, por meio do **Clube**, você conseguiu conectar mulheres com o seu empreendimento em Londres, que também nasceu (como é o caso de muitas Alices) pela necessidade de empreender em casa para cuidar do seu filho.

O acolhimento e o empoderamento feminino pela comunidade

Rose Lima

Sim! Aprendemos muito, com certeza! Concordo com a Geovanna, pois a cada dia aprendemos mais e com amorosidade. O **Clube da Alice** nos leva a ter mais empatia com o próximo, pois as ações das quais, você, Mônica, participa e repassa a nós, Alices, são de extrema importância e aprendizado. Inclusive isso pode ser identificado na atuação social da comunidade, que considero superimportante, porque seu envolvimento em ações sociais diversas nos faz crescer e nos possibilita compartilhar amor.

Aliás, a minha entrada na comunidade já se deu pela via do carinho, pois uma amiga me indicou. Faz cinco anos que sou uma Alice e que tenho a oportunidade de ver a união das mulheres no sentido de se apoiarem, e sua força de vontade, Mônica, em divulgar e ajudar as empreendedoras. Assim, para mim, ser uma Alice guarda muitos significados: acolhimento, boa energia, união, força, empatia e a busca por se tornar uma empreendedora de sucesso.

O **Clube** foi essencial para o início do meu projeto, pois escancarou as portas para mim e me ensinou sobre o poder da mulher. Na época, eu morava em Londres e tinha muitas ideias na minha cabeça e um filho especial para cuidar. Ou seja, eu precisava trabalhar e cuidar dele. Então, tive a ideia de abrir um hostel familiar, usando um quarto vago em minha casa. A minha intenção era receber brasileiros em casa e fazer o dia de turismo em Londres. Então, comentei a minha ideia com uma amiga de Curitiba e ela já me falou sobre o **Clube** e me enviou o convite. Entrei imediatamente, fiz uma postagem anunciando o meu hostel e foi incrível, pois recebi inúmeras mensagens das meninas da comunidade. A partir daí, ocorreram as reservas e, assim, fechei a agenda do hostel para o ano todo. Imagine só a minha felicidade! Foi assim que muitas Alices se hospedaram em minha casa e eu tive a oportunidade de obter uma renda por meio do **Clube da Alice**.

Então, eu posso dizer que o papel do grupo foi essencial em meu projeto e em minha vida, pois, se não fosse por ele, um grande número de pessoas não conheceria meu trabalho em Londres. Foi por meio do **Clube** que pude divulgá-lo e receber dicas de como empreender. Aprendizado possível porque, várias vezes, você, Mônica, levou convidados para nos ensinar. Isso tudo foi de extrema importância para mim! Eu costumo dizer que graças ao **Clube da Alice** o meu projeto saiu do sonho para a realidade!

É claro que não há apenas uma questão financeira envolvida nessa minha história com a comunidade, mas também as relações afetivas que nela se estabelecem. Eu me conectei tão bem com as Alices que se hospedaram em minha casa, que tenho fotos com elas passeando comigo em Londres. Ou seja, o grupo nos mostra que é possível exercer o empreendedorismo e aliá-lo a relações humanas, a conexões significativas. É por essa razão que entendo o empreendedorismo feminino fomentado pelo **Clube** como uma relação de respeito e de carinho. É muito lindo ver as mulheres ajudando-se e famílias sendo sustentadas por um trabalho que começou no **Clube da Alice**.

Para mim, é muito claro que esta é uma das razões pelas quais já me emocionei muito com as histórias das Alices, além de elas terem agregado algo positivo em minha vida. Eu já vi muitas histórias de superação das Alices, mas sempre me comovem muito as das mães de crianças especiais. Uma delas é a história da mãe de Maria, que passou por dificuldades para criá-la e lhe dar todo o apoio necessário, pois Maria é portadora do transtorno do espectro autista. Na época, ela era uma menina. Hoje, Maria é uma moça linda que ama moda e é superfeliz.

Como as meninas já disseram, a graça e a diversão fazem parte do grupo, então, eu devo ter, sim, uma história engraçada para contar, eu só não consigo me lembrar de uma específica nesse momento.

Esse acolhimento que você menciona, Rose, tem muito a ver com o sentimento de pertencimento que cada Alice sente e encontra no **Clube da Alice**. Daí envolver tantas ações, intenções e sensações positivas, como a sororidade, o empoderamento mútuo, o incentivo, a graça e tantas outras vivências que compartilhamos. Maravilhoso, não é? Muito obrigada por compartilhar suas lembranças conosco, Rose!

E você, Bianca Nery de Mello, qual a sua história com e na comunidade?

Conexão de histórias, portas abertas e aprendizados

Bianca Nery de Mello

Primeiro eu quero dizer à Rose que tudo bem não se lembrar, agora, de uma história engraçada. E que, então, eu vou começar o meu relato por uma história assim. Aliás, acho que é uma história mais emocionante do que engraçada, e envolve você, Mônica.

Você e sua equipe do Balaço Geral, da RIC TV, de Curitiba, vieram à minha casa entrevistar minha filha, a Jady. O motivo eu vou contar mais à frente – vou manter o suspense!

Nesse dia, você, Mônica, fazia aniversário. Então, mobilizamos algumas Alices para fazer o bolo e os balões personalizados para a ocasião. Fizemos uma festinha surpresa para você em minha casa após a entrevista. Foi incrível! E já que estou falando de história, quero dizer que eu me emocionei com várias histórias de Alices, mas me veio à mente a história da Divino Caramellow, onde eram vendidos docinhos para ajudar com os custos do tratamento do cachorro que estava com câncer. Comprei os docinhos para ajudar e eram deliciosos!

Como as meninas já comentaram em suas histórias, são as relações, as conexões que movem a interação e as ações no **Clube da Alice**. Eu percebi isso ao longo dos mais de seis anos em que integro o grupo, quando fui convidada por uma amiga. Tenho muito orgulho e gratidão em poder participar dessa comunidade, de ser uma Alice. Esses sentimentos não poderiam ser outros, pois o **Clube** mudou positivamente a vida da minha filha e, consequentemente, a minha também.

E qual a minha história com/no **Clube da Alice**? Agora, vou revelar o motivo da entrevista. Chega de mistério! Em 2018, o **Clube da Alice** promoveu um concurso cultural entre mães e filhas e a vencedora ganharia uma sessão de fotos e um unicórnio gigante de pelúcia. Surpreendentemente fui a Alice vencedora e recebi você, Mônica, e a fotógrafa Lucy para a entrega dos prêmios do concurso *Minha Unicórnia Favorita*. Durante a sessão de fotos, vocês duas ficaram encantadas com a desenvoltura da minha filha (na época, com 5 anos) e sugeriram que eu buscasse a assessoria de uma agência. A partir daí, as portas se abriram e minha filha foi Mini Miss Curitiba (Paraná e Brasil), modelo para várias empreendedoras do **Clube**, apresentadora mirim de um programa infantil no **Clube** ao seu lado, Mônica, gravou músicas próprias e, por seu intermédio e do **Clube**, tem recebido vários convites para fazer pocket shows.

Todo esse movimento conjunto só foi e continua sendo possível porque eu me conectei com as histórias das Alices e elas com a minha e a da minha filha, assim como com as especialidades de seus empreendimentos. Isso porque, por meio da comunidade, além de conhecê-la, Mônica, pude conhecer as Alices que atuam nas mais diversas áreas (fotógrafas, confeiteiras, maquiadoras, estilistas, artesãs etc.) e com quem tenho contato até hoje. Assim, nossas parcerias e projetos se concretizam e nossas histórias de vida se conectam.

Parceria é a palavra que escolho para identificar o papel da comunidade nesse meu projeto e, claro, na minha vida e na da minha filha. Isso porque o **Clube da Alice** e as parcerias nele firmadas foram fundamentais para tudo isso, e porque o marco mais importante desse processo foi conhecer você, Mônica. Você tem um coração enorme e está sempre nos inspirando e motivando a ir cada vez mais além.

Quero dizer ainda que o empreendedorismo feminino promovido pelo **Clube** também se realiza por meio de relações de confiança. Quando há a indicação de determinado serviço ou produto por meio das Alices, a credibilidade é maior. Vejo que essa é uma característica que também está presente na atuação social da comunidade, que tem transformado muitas vidas.

Assim como o **Clube da Alice** transformou a vida da minha filha, também mudou a de muitas Alices. Quantas pessoas tiveram oportunidade de iniciar um empreendimento e receberam indicações de seus negócios... Vários cursos de capacitação foram realizados, e quantos eventos e campanhas sociais foram (e têm sido) promovidos! Em Curitiba, não há quem não conheça o **Clube da Alice**. Como não reconhecer o importante trabalho social dessa comunidade?

E o que vem com tudo isso? Aprendizados! Tanto por meio dessas ações que mencionei quanto pela interação entre as integrantes do grupo. Digo isso com toda a certeza, pois conheço várias Alices que tiveram e ainda têm oportunidades diversas no **Clube da Alice**. E isso também aparece nos relatos das meninas.

· ·

É muito gostoso podermos vivenciar juntas tudo isso que você relatou, Bianca! Mais gostoso ainda é receber o relato de cada uma de vocês e encontrar neles os elementos, a missão, a cultura, enfim, o DNA do **Clube**

da Alice – cada uma a seu modo e com sua história e caminhada tem o espelhado aqui. Que alegria! Muito obrigada!

E você, Daniela Teixeira de Freitas Chrisóstomo, o que gostaria de nos contar? Antes de você começar o seu relato, Dani, quero dizer que, para mim, você é um exemplo de como as comunidades podem ser transformadoras. Por meio de um post que você publicou apenas para mostrar um bolo que fez para seu marido, surgiram vários pedidos e, assim, a fonoaudióloga começou a dividir espaço com a boleira. Hoje, acredito que você se defina mais como uma fada dos doces do que como uma profissional da saúde.

Crescimento como empreendedora e conexões de qualidade

Daniela Teixeira de Freitas Chrisóstomo

Assim como a Bianca e várias Alices, eu também tive (e tenho) muitos aprendizados no **Clube**. E eu os fui colhendo desde a minha entrada na comunidade, há seis anos, quando, você, Mônica, minha amiga, convidou-me para participar da comunidade e me contou a proposta para sua criação.

O meu crescimento em conhecimentos sobre como ser empreendedora se deu na comunidade, pois eu estava iniciando meu trabalho como confeiteira e o **Clube da Alice** alavancou meu negócio. Como trabalho de forma digital, eu me identifiquei totalmente com a comunidade. Participei de vários cursos proporcionados pelo **Clube** eu fui aprendendo sobre meu posicionamento em rede digital, o que fazer e o que não fazer e a analisar erros e acertos. Ou seja, a comunidade realmente fez a diferença para o meu negócio, razão pela qual eu a considero o marco do meu início profissional como confeiteira. Logo, avalio como fundamental o papel do

UM COLAR DE MIÇANGAS: ENTRE ALICES E SUAS HISTÓRIAS

Clube da Alice no desenvolvimento do meu empreendimento e da minha vida.

Além desse aspecto positivo, há outro: a qualidade das conexões que pude ter com as mulheres que integram o grupo, pois não se trata apenas de negócios, mas também de relações humanas. Tanto é que, para mim, ser uma Alice é ser autêntica e cuidar das outras Alices. Portanto, isso se reflete na forma como se dão as relações estabelecidas no empreendedorismo feminino estimulado pelo **Clube da Alice**, que são muito positivas e de grande valor.

Todas nós nos sentimos pertencentes à comunidade e há identificação entre nós e a história de cada Alice que compõe o grupo. Eu mesma me conectei com muitas delas, sendo que a história que mudou a minha vida e a da minha família foi a da minha filha Giulia, que começou a empreender no **Clube da Alice**. Eu já falei sobre aprendizados, não é? Assim foi com a Giulia também, ela tinha somente 16 anos e aprendeu sobre empreendedorismo, posicionamento digital e, hoje, é chef pâtissier e empreendedora. A comunidade foi fundamental para a tomada de decisões, a construção do conhecimento e para as nossas conquistas.

Ah, sim! E tem as histórias engraçadas... Nossas histórias são tantas! Hoje, quando me lembro dos primeiros encontros, eles se tornam engraçados. Lembro-me também de que éramos poucas (e até achávamos que éramos muitas) e preparávamos tudo com muito carinho. Carinho e zelo continuam presentes em todas as ações do **Clube da Alice**, inclusive em sua atuação social, que é sempre ativa e atual e que envolve todas as Alices.

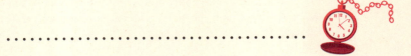

Que bom relembrar do início do **Clube**, Daniela! Assim como poder sentir no seu relato de que forma ele contribuiu para a sua vida e para seu empreendedorismo, inclusive na jornada de autodesenvolvimento da Giulia como empreendedora! Ah sim, o carinho, o zelo e o engraçado

103

fazem parte da essência do **Clube da Alice** e não poderia ser diferente, não é? Agradeço também o seu relato!

A Fabiana Cristina Ribeiro da Silva também vem somar com sua história. Puxa, Fabi, para mim, a sua história sempre será a mais marcante do **Clube da Alice**, pois mostra na prática o poder que nós mulheres temos quando nos unimos para uma causa. Então, por onde você gostaria de começar a contá-la?

Envolvimento, solidariedade, empatia e empoderamento entre Alices

Fabiana Cristina Ribeiro da Silva

Ah, vou iniciá-la pelo envolvimento... E não só porque ele aparece na narrativa da Cristina e das demais meninas, mas porque eu o identifico como muito forte no **Clube da Alice**, desde que o descobri no Facebook. Isso já faz mais de seis anos!

Foi essa qualidade que me motivou a ingressar na comunidade. Nela, vi uma rede de mulheres solidárias, e foi por meio da solidariedade que me conectei às Alices, assim como me tornei uma. Bem, eu já conhecia a comunidade e fiz um pedido de ajuda para caminhada no parque, pois eu estava passando pelo câncer e queria fazer uma atividade física, mas não tinha companhia. Então, entrei em contato com as Alices por meio de um post e logo um grupo de mulheres solidárias à minha causa se formou!

Da minha vivência e da convivência na comunidade vêm a minha definição do que é ser uma Alice: é ser uma mulher que tem empatia e empodera outras mulheres. Logo, para mim, Mônica, o papel do **Clube da Alice** é o de compartilhar e propagar o amor e a empatia ao próximo. Acredito que essa vibração é que fez com que eu me conectasse com outras Alices e suas histórias de vida, assim como me levou a conhecer o amor e o verdadeiro sentimento de empatia e carinho pelo próximo. Essa conexão é tão verdadeira que tenho a amizade das Alices para a minha vida toda.

Essa união toda só poderia resultar em como vejo as relações criadas no contexto do empreendedorismo feminino proporcionado pelo **Clube**, em que há o empoderamento feminino, seja por meio de seus negócios, seja por meio de suas histórias de vida. Histórias essas que são muitas e emocionantes, mas há uma que me tocou muito... a história da moça que fazia tatuagem para elevar a autoestima de mulheres com câncer de mama – de novo a empatia, o envolvimento, a força e o amor presentes entre as mulheres que fazem parte da comunidade. Esses elementos marcam também a sua atuação social, unidos a eles, claro, o empreendedorismo e o empoderamento feminino nas várias áreas de ação social em que o **Clube da Alice** se envolve.

Além de todos esses "ingredientes", o **Clube da Alice** também tem a graça, como as meninas relataram. Não sei se a história que vou contar é engraçada, mas foi bastante emocionante! Quando se formou a rede solidária das Alices para me ajudar, fomos a um evento da Globo, que ocorreu no Parque São José, em São José dos Pinhais, do programa chamado Bem Estar. Lá, as Alices me ergueram com uma faixa para mostrar que éramos do **Clube da Alice** e ficamos ali para conhecer o apresentador Fernando, que fazia o programa. Foi um dia de muita energia positiva, risos e sorrisos!

· ·

Eu me lembro desse dia, Fabiana! Foi mesmo um evento muito legal e cheio de alegria! Você também traz algo em seu relato que é uma característica da comunidade: a solidariedade. E a vemos em cada história das Alices. Isso é muito gratificante, pois a solidariedade é um dos "ingredientes", como você bem identificou, do **Clube da Alice**. Sem ela, as nossas conexões, a ajuda e força mútuas, a sororidade e o sentimento de pertencimento que existem na comunidade não se consolidariam da forma como os vemos e os vivemos no **Clube**. Gratidão por compartilhar seu relato conosco!

O que você acha disso, Camila Esteves Domingues? Você que fez seu primeiro post no grupo oferecendo seus brigadeiros em um momento difícil da sua vida. Quero lhe dizer que me orgulho muito de ver o quanto você cresceu desde então!

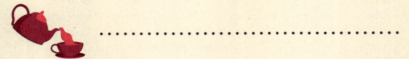

O impossível é possível sendo uma Alice

Camila Esteves Domingues

Eu também vejo a comunidade desse modo, Mônica. Assim como a Fabiana, eu também descobri o **Clube da Alice** no Facebook e a minha conexão com a comunidade se deu pela união das integrantes da comunidade. Faz seis anos que sou uma Alice e, para mim, ser uma delas é acreditar que o impossível é possível, porque nesse País das Maravilhas tudo se torna real.

A comunidade é muito importante para mim, pois representa a mudança da minha vida pessoal e empreendedora. Eu comecei fazendo doces em casa com o intuito de ajudar na renda da minha família. Passei por muitas dificuldades e as superei com a ajuda do **Clube**. Hoje, tenho duas lojas lindas! Ora, não há como eu não reconhecer o papel essencial da comunidade em meu empreendimento e em minha vida, não é? O **Clube** teve 100% de participação na minha trajetória: eu saí da minha cozinha de casa para, hoje, ser uma empresária. Foi o poder das conexões, que nós, Alices, estabelecemos entre nós que tornou a minha nova história possível. Assim como a de muitas e muitas Alices.

Eu acredito que o que faz a diferença no empreendedorismo feminino propiciado pelo **Clube** é a corrente de ajuda e de crescimento que há entre nós. Empreendedorismo que é feito de muita superação e da história de vida de cada uma de nós. Histórias essas que se conectam e nos conectam afetiva e emocionalmente. E essa conexão não se limita às mulheres do grupo, mas também está nas ações sociais nas quais a comunidade se envolve, pois formamos um grupo que se conecta com as pessoas para tudo: para ajudar, para crescer, para empoderar e para

UM COLAR DE MIÇANGAS: ENTRE ALICES E SUAS HISTÓRIAS

aprender. Aliás, os aprendizados permeiam as nossas interações, como as meninas também já mencionaram. Tudo isso é envolvido pelo riso, por histórias engraçadas, pela leveza e pelo sorriso de cada uma de nós.

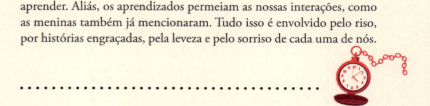

Sem dúvida, Camila, o riso, o sorriso, a graça e a leveza permeiam as nossas ações e interações no **Clube**. Acredito que eles são elementos que nos dão uma vibração toda especial para a história de superação, de autodesenvolvimento, de descobertas e de transformações de cada uma de nós e nas ações sociais em que nos engajamos. Como você disse, o **Clube** é uma corrente de ajuda, de crescimento mútuo que, em seus vários elos, tem a leveza, o sorriso e a graça que lhe dão cores especiais. Meu muito obrigada por seu relato!

E você, Rosilene Michels Zadra, como percebe a comunidade? Você também a vê como essa corrente? Você, Rosi, tem uma história incrível com o grupo! Para quem não sabe, você é mãe do humorista Fagner Zadra, que sofreu um acidente. Foi quando você pegou apenas sua bolsa (como você relata esse momento da sua história) e se mudou do Rio Grande do Sul para Curitiba para cuidar do seu filho. Como você não conhecia ninguém por aqui, foi indicada para postar suas necessidades no **Clube** e nele encontrou o que precisava para seu filho e fez muitas amizades.

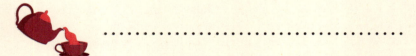

Conexões, amizade, parcerias e caminho compartilhado

Rosilene Michels Zadra

Sim, também a vejo como essa corrente, Mônica, tanto que, para mim, é como se as integrantes do **Clube da Alice** fizessem parte da minha família e do meu grupo de amigos, pois a nossa conexão, como elos de uma corrente, é tão forte e salutar que fiz muitas amizades. O empreendedorismo e os relacionamentos de amizade caminham juntos.

Foi muito legal identificar isso tudo na comunidade, pois, desde que a descobri, por meio do Facebook, as minhas motivações para fazer parte dela foram fazer amizades, ter acesso à prestação de serviços, realizar compras e tudo mais que o **Clube da Alice** disponibiliza.

Sou uma Alice há mais de seis anos, e entendo que sê-la, entre outras características, tem a ver com praticidade e qualidade. Isso ficou ainda mais evidente para mim agora que estou morando em outra cidade, onde não há a disponibilidade de serviços rápidos e qualificados como os que eu tinha acesso no **Clube**.

A minha história como uma Alice se relaciona com a minha vida pessoal, pois não sou empreendedora. Eu ingressei no clube por causa dos fantásticos serviços prestados. Eu não conhecia nada da cidade quando fui morar em Curitiba. Então, eu estava perdida.

Eu tenho apenas um irmão que mora na cidade. Eu não sabia que direção tomar em meu dia a dia. Eis que a comunidade veio me dar esse apoio! O **Clube da Alice** me abriu portas no sentido de eu saber lugares, endereços e conhecer o empreendedorismo destas fantásticas mulheres, que além de serem esposas e mães, desempenham um grande papel na sociedade como empreendedoras.

Assim como as meninas já relataram em suas histórias, eu também percebo como essencial o papel do **Clube** em minha vida. Tanto que não vejo a hora de voltar para Curitiba para me sentir em casa. E olha que só morei sete anos em Curitiba! Essa ligação, a sensação de pertencimento é tão viva entre as Alices que não importa o tempo, pois é a verdade que há nela que faz a diferença.

A comunidade faz parte da minha rotina, da minha logística, da minha vida, pois nela encontro absolutamente tudo o que preciso! E tudo acontece em poucos segundos, por meio de uma postagem! E não é só isso. Como eu já disse, o que nos envolve é a conexão que trocamos e mantemos no **Clube da Alice**. Eu me conectei e me conecto com várias Alices por meio de suas histórias.

Isso é tão verdade que eu me conectei com a história de uma Alice que me emocionou e que agregou muito à minha vida. É a história de uma moça, mãe de dois filhos, que estava muito infeliz no casamento. Ela compartilhou no **Clube** que o marido a achava gorda e feia e ela não sabia o que fazer. Eu me solidarizei tanto com ela que a chamei no privado para conversarmos. Mesmo com meu filho no hospital, eu passava horas com ela, respondendo a suas perguntas, pois ela não sabia as respostas para tanto sofrimento. Eu a ajudei a levantar o astral e, assim, ela tomou decisões em sua vida. Hoje, ela está formada em Radiologia e feliz, vivendo só com os filhos. Então, ela foi morar em outra cidade. Mesmo quando ambas morávamos em Curitiba, a minha vida era tão corrida que não tive oportunidade de encontrá-la pessoalmente, mas a nossa amizade continua. Nós ainda nos falamos, ela me agradece muito e sempre me manda mensagem dizendo que fui sua fada madrinha e que ela me ama muito por encorajá-la a voltar a viver e a ser uma nova mulher. Sou muito grata por isso também!

E como estou falando em amizades, não posso deixar de falar também de uma das mais importantes amizades que tenho e a quem sou eternamente grata: você, Mônica, que além de ser uma Alice e idealizadora do **Clube**, é uma mulher que eu admiro demais, em quem me inspiro e que tenho orgulho de conhecer!

Ah! A nossa parceria... Você se lembra? Nós já fomos juntas a diversos eventos para os quais o meu filho também foi convidado e trocamos várias conversas. Meu filho já foi entrevistado por você em nosso apartamento, e eu também já fui entrevistada duas vezes por você: uma vez em Curitiba e outra aqui no Rio Grande do Sul, em uma live. Sempre bom lembrar desses momentos! Eu iria entrevistá-la no meu programa Rosi Convida, que produzo com meu filho, em que trago histórias de superação, mas tivemos de parar de realizá-lo por causa dos problemas de saúde dele.

Parcerias – é isso que todas nós, Alices, formamos na comunidade. De modo geral, as relações estabelecidas no empreendedorismo feminino estimulado pela comunidade se dão de forma sensacional! Temos uma grande corrente de solidariedade entre nós, relações de alianças verdadeiras, como grandes amigas que somos e nos sentimos ser. Vibramos juntas e nos inspiramos, tanto no trabalho e na história uma da outra quanto ao acompanhar a trajetória de cada uma de nós nessa comunidade, que proporciona oportunidades e opções variadas, comprovando que lugar de mulher é onde ela quiser!

Então, como não reconhecer a importantíssima e essencial atuação social do **Clube** nas mais diversas áreas em que a comunidade se envolve? Aliás, todas as cidades deveriam ter um **Clube da Alice**, pois ele reúne várias áreas, ações diversas, aprendizados e apoio em um só espaço. Isso é fantástico!

Fantástico é uma ótima palavra para o que acontece com cada uma de nós no **Clube da Alice**, Rosilene! Que lembranças boas temos de nossas conversas, eventos e do programa, não é?! Aliás, essa é uma característica dos relatos de cada Alice aqui: boas lembranças de conexões transformadoras! Gratidão por trazê-las aqui!

Como você vê essas conexões, Lucy Lima? Quer compartilhar a sua história conosco?

Amizade, mulheres talentosas, histórias fantásticas e muitas conexões

Lucy Lima

Sim, quero sim, Mônica! Eu me identifico com a forma como as meninas expressaram ver e sentir as conexões que, nós, Alices, estabelecemos umas com as outras, com a missão do **Clube** e com as histórias pessoais e de empreendedorismo de cada uma de nós. Eu mesma levo comigo muitas histórias e amizades proporcionadas pela comunidade.

Aliás, ser uma Alice tem muito a ver com isso, pois é fazer parte um grupo muito especial de mulheres com muitos talentos e histórias fantásticas de vida, de empreendedorismo e de superação! Eu sou uma Alice há mais de seis anos! Ingressei no grupo logo que conheci você, Mônica, em 2015, lembra?

Eu já entrei para o **Clube da Alice** interessada em trocar ideias e dicas com as integrantes. Foi isso e muito mais que encontrei na comunidade, que é bastante significativa para cada uma de nós. Para mim, ela é importante por ser um espaço onde eu posso encontrar tudo o que eu preciso, como se fosse uma *Páginas Amarelas* da minha época, que usávamos quando precisávamos de algum produto e/ou serviço, além das interações e das conexões que realizamos no **Clube**.

Conexões e amizades são marcas fortes da comunidade, e isso eu percebi logo que me tornei uma Alice. Foi quando comecei a minha amizade com você, Mônica! Foi paixão à primeira vista! Temos muitas afinidades e eu amo você, loira linda! A partir dessa nossa amizade, eu pude estar presente em quase todos os eventos, inaugurações de lojas, shows, corridas, exposições, projetos de empreendedorismo e ações voluntárias, fotografando e registrando com muito amor momentos especiais nos quais o **Clube da Alice** estava envolvido. Estar presente em tantas realizações e ser uma Alice me trouxe muitas amizades e muitos momentos especiais na minha carreira de fotógrafa.

Portanto, ao fazer parte da comunidade há mais de seis anos, eu já acompanhei inúmeras histórias maravilhosas das relações de empreendedorismo e de afinidade (voltando a ela), e acho isso fantástico! Entre as histórias que me emocionaram, vou compartilhar duas delas que enchem meu coração de alegria: a da Jady, na época com seis anos, uma menina linda que ganhou um ensaio fotográfico num concurso dentro do **Clube** e que, a partir de uma conversa com a mãe sobre sua desenvoltura frente à câmera, esta investiu na carreira da filha; a partir daí, Jady ganhou vários concursos de Miss Mirim, virou apresentadora de projetos mirins no **Clube da Alice** e atualmente tem sua carreira de blogueira e tudo mais! Hoje, ela tem dez anos. E a outra história é a de uma exposição fotográfica feita em 2018 (eu acho) com o tema "Amor não tem idade", em que escolhemos oito histórias de amor e fotografei casais, a maioria bem idosos, no Shopping Mueller. Foi sensacional! Fiquei muito feliz em realizar esse trabalho.

Aliás, foi nesse concurso que a Jady ganhou que vivenciei uma história doida com você, Mônica... Bem, nós pedimos para as mães escreverem uma frase de mãe e filha, e foram mais de 2 mil participações! Eu e você viramos a noite conferindo as curtidas nas frases, foi uma loucura! Hoje, a gente sempre lembra dessa história sorrindo, mas, no dia, a gente só queria chorar... Imagine como foi a loucura, pois até o Facebook chegou a travar com tantas mensagens postadas.

Por tantas histórias, projetos, empreendimentos e vidas transformadas positivamente, é inegável a surpreendente atuação social do **Clube da Alice** nas mais diversas áreas em que se envolve. São tantas histórias de mudanças de vida a partir de projetos apresentados na comunidade que ela me enche de orgulho! Elas envolvem pessoas que atualmente têm franquias, que se destacaram em novas profissões, pessoas que fizeram amizades em momentos de depressão e que mudaram a vida naquela fase. Acredito que, em todos esses anos de **Clube**, muitas vidas foram mudadas!

Nesse sentido, também concordo plenamente com as meninas sobre os aprendizados oportunizados na e pela comunidade. O **Clube da Alice** é muito dinâmico e cheio de oportunidades para todas as integrantes.

• •

Você fala em afinidade, Lucy. Sim, temos muita, e vejo que essa irmandade, afeição e empatia estão na dinâmica das relações existentes na comunidade, seja nas que envolvem o nosso empreendedorismo feminino, seja nas relações de amizade, de sororidade, de carinho e de amor, pois esses são sentimentos que permeiam as nossas interações, não importa com que objetivo. E isso é muito explícito em nosso dia a dia, tanto que não há um relato que não os mencione, não é, meninas? Fico muito feliz com isso! Ah! Sobre a loucura que foi conferirmos as postagens do concurso, eu me lembro bem! E é verdade – hoje, é motivo de risos, mas naquele momento foi algo insano mesmo. Muito obrigada, Lucy, por seu relato.

Pegando o gancho da história engraçada trazida pela Lucy, você, Danielle Lourenço Hoepfner, teria uma história engraçada que passou comigo ou com o **Clube da Alice** e que deseja compartilhar?

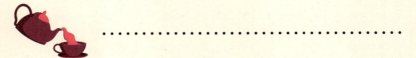

Entretecendo histórias e realizando transformações

Danielle Lourenço Hoepfner

Sim, Mônica! Eu já estava lembrando da minha história engraçada ao acompanhar o relato da Lucy... Foi quando eu e você participamos de uma apresentação de dança do ventre no Teatro Fernanda Montenegro, chamada *As espetaculosas*. Foi muito divertido!

Também me identifico com o que a Lucy falou sobre a afinidade que há no **Clube**, pois sinto da mesma forma. Até porque, a comunidade se formou por laços de afinidade, pois uma Alice indicava outra, ou seja, o **Clube** foi tomando corpo por relações de amizade. Então, esse é um componente que faz parte da sua essência.

Bem, já que estamos falando de amizade... Eu e você, Mônica, somos amigas há muitos anos e, assim que você teve a ideia da comunidade, convidou-me para participar. Há um fato curioso nessa história, pois eu é que a convidei para participar da nova rede social do momento: o Facebook. Legal, não? Nossas trocas!

Sendo uma Alice há mais de seis anos, vejo ainda muito presente o que me motivou a ingressar no **Clube**, que foi e é acreditar na causa de que juntas somos mais fortes, e isso tem muito a ver com o que eu entendo ser uma Alice, que é ser alguém que busca transformar positivamente o mundo, nunca perdendo a capacidade de sonhar.

Isso é muito importante para cada uma de nós, para o empreendedorismo feminino, para nós mulheres e para a sociedade, pois o **Clube da Alice** é uma resposta à sociedade sobre o que somos capazes de realizar quando damos as mãos. As nossas capacidades, e até mesmo a descoberta delas, a união e a troca mútua de apoio, de orientações e de força foram mencionadas nos relatos de todas as meninas aqui e comigo não foi e não tem sido diferente.

Então, vou contar como a minha história como Alice começou. Bem, eu fui convidada pela minha amiga e fundadora do **Clube da Alice** para escrever nas colunas dominicais do blog *Palpite de Alice*, em um grande portal de notícias. A intenção inicial era falar sobre comportamento à luz das questões de uso ético e responsável da tecnologia, que é o meu know-how desde 1995, mas, na hora "H" – na hora de escrever o primeiro texto –, fiquei pensando que poderia ser muito antipático chegar com uma "bronquinha" sobre celular ou internet. Como era um espaço feminino, imaginei que eu poderia conversar com as leitoras, ter papos como os que eu tinha com as minhas amigas. Assim, o primeiro post desse trabalho, intitulado *Amiga, coloque a calcinha para dentro da calça*, foi um sucesso! Teve mais de 15 mil *views* e uma Dani boquiaberta e apavorada. Hoje eu acho graça, mas, na época, estremeci na base. Tanto que, em vez de comemorar, falei para você, Mônica: "Guria, que resposta! Como vou escrever algo melhor do que este primeiro? Foi sorte de principiante!". Pensei: "Por que fui inventar moda?". Mais tarde, respirei fundo e conversei comigo mesma: "Relaxa, Dani, você tem muito papo aí neste coração, muita história para contar. Vai dar certo!".

E, assim, me arrisquei nessa área, tão nova pra mim. Deixei o papo técnico, racional e assertivo de lado e permiti fluir a escrita pela alma, completamente intuitiva e emocional. E quanto mais eu escrevia, mais essa nova "trilha" literária se fortalecia. Abri meu coração para o mundo! Domingo a domingo saíam textos com as mais diversas abordagens, formatos e tamanhos. Crônicas, alguns contos e muitas histórias de Dani para "Danis". Eram papos que eu gostaria que tivessem tido comigo, papos que teriam me ajudado pra caramba, tirado altos pesos das minhas costas e culpas do coração! Também teriam sido alimento para minha criança interior, que, muitas vezes, sofreu de inanição pela privação de sonhos. Ah, os sonhos! Como as meninas também lembraram em suas narrativas, eles são alimentados na comunidade. Que não esqueçamos da nossa capacidade de sonhar, não é? Pois bem, de tudo isso surgiu um livro que reúne as melhores crônicas e contos dessa nova fase, intitulado *Amiga, coloque a calcinha para dentro da calça e outras conversas.*

O **Clube da Alice** foi fundamental para que eu me descobrisse como escritora e me conectasse com as Alices, pois interagi com muitas delas na comunidade e nos eventos realizados, assim como elas me conheceram por meio dos meus textos e livros. Novamente as relações, as conexões de troca e de apoio mútuos. Aliás, é assim que percebo a forma como a comunidade promove as relações de empreendedorismo feminino: como uma resposta à sociedade sobre o poder da sororidade feminina.

Acredito que esse seja um dos motivos pelos quais há tanta história emocionante e que agrega positivamente a vida de cada uma de nós, Alices. Há uma história muito especial para mim, a do projeto Sobre Viver, pois pude conhecer as histórias de mulheres guerreiras e vitoriosas, assim como pude compartilhá-las em formato de texto. Histórias essas que serviram de inspiração para outras mulheres. Viver isso foi sensacional!

Aliás, é incrível o que você, Mônica, e o **Clube da Alice** são capazes de fazer! Você parece onipresente, minha amiga. Está em todos os lugares, com a mesma energia o tempo todo. É surreal! Penso que é toda essa energia re(unida) – a sua, Mônica, e a de cada Alice – que faz com que a atuação social da comunidade, nas mais diversas áreas em que se envolve, seja sempre muito positiva e transformadora.

Também desejo expressar, aqui, que são mobilizados muitos aprendizados no **Clube**, como as meninas também destacaram em seus relatos. Eu acredito que somos a soma de tudo o que aprendemos com as pessoas ao nosso redor, e essa convivência empodera e desenvolve as mulheres da comunidade e as que estão em seu entorno, pois, como eu disse, ser uma Alice tem a ver com transformar positivamente o mundo sem deixar que se apague a capacidade de sonhar.

Que relato cheio de lembranças carinhosas e que expressa uma visão da comunidade que vai ao encontro de como eu e as meninas a vemos, pois cada uma, a seu modo, assim expôs em suas narrativas. Gratidão enorme!

É muito gratificante ver e sentir como o **Clube da Alice** tem reverberado na vida de cada Alice e, por consequência, na sociedade e no mundo, pois as mudanças, como cada uma expressou, não se atêm às nossas vidas, mas vão para o mundo, começando em cada uma de nós.

Somos as miçangas desse colar que é a vida e, no e pelo **Clube da Alice**, entrelaçamos pessoas, histórias, transformações, aprendizados, conexões, lutas, afinidades, pertencimento, sororidade, graciosidade, força e muito amor.

Assim como a Naty, cada uma de nós, a seu modo e em suas buscas e batalhas pessoais, cria os fiozinhos com miçangas em nossas relações de amizade e de empreendedorismo na comunidade e para além dela, mesmo com todas as provações que enfrentamos, pois nem tudo são flores no empreendedorismo – precisamos lidar com cenários nem sempre favoráveis e com a busca constante de capacitação para superar tanto esses cenários quanto as nossas limitações.

E o que tem nos levado a resultados positivos, mesmo no contexto de uma pandemia que afetou tantos empreendimentos e que ainda é uma realidade? Tudo isso que cada uma de vocês relatou; tudo que cada Alice inova (porque somos, sim, inovadoras), de modo a impulsionarmos umas às outras nessa corrente (como várias de vocês qualificaram) do bem, de apoio e de sororidade, que nos leva ao alcance de objetivos comuns, desenvolvendo nossos projetos particulares, mas que ecoam um no outro. Sou muito grata a cada Alice por tudo e por tanto! Gratidão, meninas! Gratidão a todas vocês, Alices! Gratidão, **Clube da Alice**!

O Clube é uma corrente de ajuda, de crescimento mútuo que, em seus vários elos, tem a leveza, o sorriso e a graça que lhe dão cores especiais.

#correntedobem

@clubedaalice

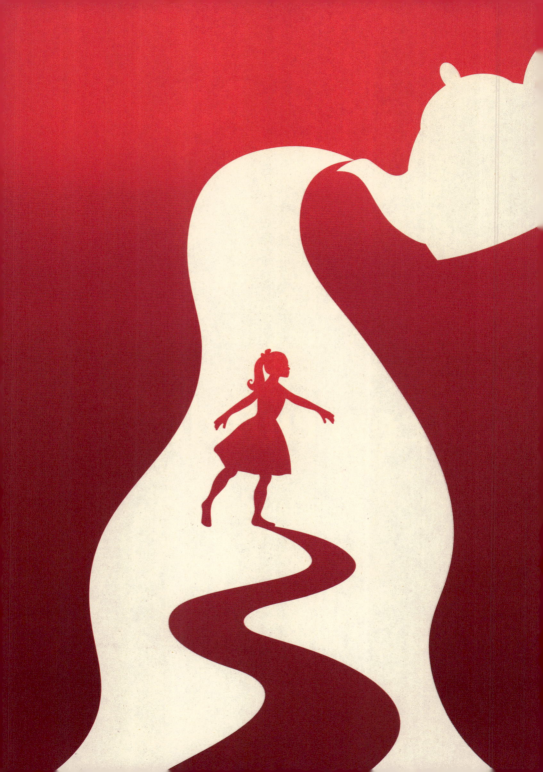

Toda vez que paro para pensar no que o **Clube da Alice** tem realizado ao longo dos seus oito anos de vida, sinto-me realizada e grata por tantas ações, conexões e conquistas alcançadas por todas nós, Alices, que, com nossa inquietação, desejo de mudança (de nós mesmas e do mundo), sororidade e com nossa vontade de fazer a diferença, não só em nossa própria vida, mas na de muitas pessoas, contribuímos positiva e ativamente para a busca de um mundo melhor.

Temos realizado tantas coisas boas e gratificantes que é sempre bom relembrá-las. Então, vou lhe trazer alguns marcos e realizações importantes e positivos da comunidade.

Em 2014, fundei o **Clube da Alice** com o intuito de promover o empreendedorismo feminino, por meio de um canal gratuito de publicações de produtos e serviços, e de incentivar o debate de questões relacionadas ao universo feminino.

Hoje, a comunidade no Facebook tem mais de 560 mil membros, que fazem, em média, 3 mil postagens diárias, tornando o **Clube da Alice** um dos grupos do Facebook mais importantes da América Latina. O **Clube** oferece às Alices – muitas delas criadoras independentes de seus negócios e com recursos limitados – acesso a uma grande e confiável rede de clientes e parceiros em potencial.

COMO tudo começou

O nome **Clube da Alice** foi dado em homenagem ao livro de Lewis Caroll, *Alice no País das Maravilhas*, pois a comunidade é destinada a mulheres que, como a garota que caiu no espelho, são amigáveis, éticas e respeitadoras das diferenças, mas também questionadoras, críticas e curiosas.

O **Clube da Alice** é formado principalmente por mulheres empresárias e profissionais da região metropolitana de Curitiba. As "Alices", como as participantes do **Clube** são conhecidas coloquialmente, enquadram-se em três categorias:

ENTÃO, VOU LHE CONTAR UM POUCO SOBRE NOSSAS AVENTURAS

1. **empreendedoras** – mulheres que anunciam seus negócios e produtos;
2. **consumidoras** – mulheres que vêm ao Clube para comprar bens e serviços;
3. **observadoras** – mulheres que estão na comunidade para entretenimento ou para realizar pesquisas de mercado, mas que não participam ativamente.

As mulheres aderem ao **Clube da Alice** porque ele lhes oferece uma plataforma para realizar conexões profissionais e pessoais com outras integrantes da comunidade e para mostrar produtos em um espaço virtual.

Elas se sentem mais à vontade para fazer negócios dentro da comunidade fechada do que comprar ou vender em outra plataforma online. O **Clube da Alice** oferece às Alices acesso a essa grande plataforma e informações sobre como elas podem precificar seus produtos e operar seus negócios de forma sustentável.

O **Clube da Alice** é uma comunidade "secreta", o que significa que novas integrantes devem ser convidadas por uma atual. Qualquer convidada que se identifique como mulher é elegível para participar. Embora seja secreta, as pessoas podem conhecer, saber mais sobre a comunidade por meio de vários canais fora do Facebook, incluindo a newsletter, o blog e a página do Instagram.

AÇÃO DO Clube da Alice

O **Clube da Alice** é principalmente uma rede online voltada para a construção de conexões de negócios, que envolvem a venda de bens e serviços, como os de beleza, moda, artesanato, alimentação, entre outros.

A comunidade inclui tudo – de médicas que oferecem consultas a vendedoras que ofertam produtos sazonais. Ou seja, a comunidade é um espaço democrático e que possibilita conexões empreendedoras diversas.

Sinto-me realizada e grata por tantas ações, conexões e conquistas alcançadas por todas nós, Alices, que, com nossa inquietação, desejo de mudança (de nós mesmas e do mundo), sororidade e com nossa vontade de fazer a diferença, não só em nossa própria vida, mas na de muitas pessoas, contribuímos positiva e ativamente para a busca de um mundo melhor.

#gratidão

@clubedaalice

Um artigo publicado em 2020 pela *Revista Brasileira de Desenvolvimento* descreve o **Clube da Alice** como uma "grande rede colaborativa", em que há a integração de empreendedoras, que promovem a venda de seus produtos para consumidoras que desejam conhecer novas vendedoras; assim como entre as Alices, no que diz respeito à troca de informações, como a qualidade de produtos, indicações, orientações, apoio mútuo, entre tantas formas positivas de interação, que fazem do **Clube da Alice** esse espaço de empreendimento e de pertencimento de uma grande rede de mulheres.

2014

Em **2014**, o Clube foi criado no Facebook com os objetivos de propiciar o atendimento a negócios, fomentar o empreendedorismo feminino e dialogar com mulheres da grande Curitiba por meio de uma rede de apoio. A comunidade tomou grandes proporções não só no número de Alices, mas no valor de suas ações, pois, ao incentivar o empreendedorismo feminino, também transformou vidas, não só financeiramente, mas também no âmbito pessoal (em propósitos de vida, reconhecimento de potencialidades, busca de novos caminhos, conexões positivas etc.).

Conexões essas que, desde então, acontecem por meio do Facebook, que é a rede social que disponibiliza os melhores recursos para a geração de negócios e, claro, de relacionamento, pois, entre as Alices, o empreendedorismo se dá pela veia da proximidade, da sororidade, do apoio, da orientação e do incentivo mútuos. E assim tem sido até hoje!

2016

Outro evento do qual me lembro com muita alegria aconteceu em janeiro de **2016**, em uma tarde sábado, quando o **Clube da Alice** foi convidado para participar do programa Estúdio C, da Globo. Imagine só a invasão de Alices no estúdio! Muitas Alices compareceram e compartilharam suas histórias, contando como a comunidade as ajudou a alavancar seus empreendimentos e como elas encontraram nela uma rede de apoio mútuo nas mais diversas questões de suas vidas.

Nesse mesmo ano, o **Clube** teve sua primeira sede presencial, localizada no Shopping Mueller. Na loja, as Alices tiveram a oportunidade de expor seus produtos, pois a maioria das microempreendedoras não tinha condições de abrir sua própria loja, fosse voltada para o comércio ou para a prestação de serviços. Assim, a intenção foi levar uma versão física do que tínhamos no digital, no Facebook. Como o ano de 2016 foi generoso para o **Clube da Alice**, não é?

Ah! Nesse ano também criamos o nosso blog! O *Palpite de Alice* estreou em 16 abril de 2016 e, claro, houve uma festa de lançamento no núcleo Estilo de Vida do *Viver Bem*. No blog, seguimos a ideia inicial da revista, que era a de reunir "palpites", opiniões de mulheres atuantes em diferentes áreas e que falassem sobre diversos temas relacionados ao universo feminino. Além da riqueza e variedade de temas e áreas, a proposta do blog era a de que a colunista escrevesse como se estivesse contando, explicando algo para uma amiga. Então, a conexão, a aproximação, também direcionaram o modo de expressão e de interação do blog.

2017

Ah! Outro ano que guardo com carinho é **2017**, pois nele foi possível realizar muitos projetos que possibilitaram parcerias bastante positivas, como a do **Clube da Alice** com a Fomento Paraná, em uma ação realizada no Dia Internacional da Mulher, promovida pelo **Clube** e em parceria com o grupo de comunicação RPC. A ação consistiu na apresentação de linhas de crédito de baixo custo da Fomento Paraná para as empreendedoras que compareceram às barracas do **Clube da Alice**, instaladas na Boca Maldita, em Curitiba. Eu achei que essa foi uma oportunidade maravilhosa para as Alices, pois o microcrédito oferecido pela Fomento Paraná tinha juros abaixo do mercado, o que facilitaria o acesso às empreendedoras informais e às microempresárias, as quais têm muita dificuldade em obter crédito no sistema bancário tradicional.

E não foi só isso. No evento, também foi realizada uma consultoria do Sebrae (PR) para as empreendedoras, o que foi muito positivo, pois elas tiveram a oportunidade de compreender melhor o empreendedorismo e o seu empreendimento. E é claro que não poderia faltar a festa! Teve show de música, maquiagem gratuita, distribuição de brindes, enfim, a alegria que sempre acompanha todo e qualquer evento do **Clube da Alice**. Afinal, falou em festa, estou dentro, como você já sabe!

Como 2017 foi produtivo! Foi nesse ano que ganhamos voz na rádio 98 FM! Já tínhamos o blog *Palpite de Alice*, no portal da Gazeta do Povo, e nos veio este presente: um programa semanal na rádio. Ele acontecia aos sábados, das 18h às 19h, e sempre tínhamos a presença de convidadas para falar sobre determinado tema. Eu, Thayza Melo e a radialista Laura Weiss conduzíamos o programa. Eu me lembro bem do primeiro programa, que foi ao ar em 8 de outubro daquele ano, e falamos sobre os riscos do excesso de exposição nas redes sociais, sobre os golpes que ocorrem na internet e sobre o Outubro Rosa.

Em 2017, também realizamos uma grande festa junina do empreendedorismo em parceria com a casa de espetáculos Live Curitiba! A 1ª Festa Junina do Empreendedorismo do Clube da Alice teve como proposta principal fomentar o comércio de Curitiba e região metropolitana. Essa festa maravilhosa foi desenvolvida por micro e pequenas empreendedoras e estimulou a economia local e a geração de novos empregos no setor, além de proporcionar um grande espaço para a solidariedade por meio de um bingo que arrecadou fundos para a APCN. Foi uma festa maravilhosa! Nos dois dias do evento, tivemos um público de mais de 10 mil pessoas.

Para ser ainda mais especial, o ano de 2017 nos reservou a grata surpresa de ganharmos, junto ao Shopping Mueller, o ouro na categoria Campanhas Institucionais do Prêmio Abrasce 2017, com o *case Shopping Mueller apoia o empreendedorismo feminino*, o projeto *Clube da Alice Lounge*. Ao todo foram 23 projetos inscritos nesta categoria do Prêmio, considerado o mais importante do segmento de varejo.

O Prêmio Abrasce visa estimular os shoppings associados a apresentarem suas melhores práticas, iniciativas e projetos em diversas áreas, como marketing, expansões e recursos humanos. Seu intuito é reforçar a importância da indústria de shopping centers como agentes de transformação da realidade social, ambiental e econômica do país.

É claro que comemoramos a conquista desse prêmio com uma bela festa! Em parceria com as Alices, o *mall* realizou um coquetel na loja do **Clube** e o evento reuniu convidados e parceiros.

Ah! Em 2017, também tivemos a 3ª Corrida do Clube da Alice. Dessa vez, fizemos uma grande festa para as Alices corredoras e suas famílias no campus da Universidade Positivo.

2019

O ano de 2019 foi incrível e ficará para sempre em minha memória! Foi nesse ano que me tornei madrinha do Banco da Mulher Paranaense e, no evento de lançamento, o governador Carlos Massa Ratinho Jr. também assinou o decreto que restabeleceu o Sistema Paranaense de Fomento e a lei que regula a equalização de juros para concessão de créditos a empreendedores, em que o programa está respaldado. Também foram assinados os dois primeiros contratos do programa, com as empreendedoras Luciana Lemes e Marina Rigoni.

Além disso, houve homenagens às madrinhas do Banco da Mulher Paranaense: a primeira-dama Luciana Saito Massa, a empresária Cristiane Mocellin e eu, por termos contribuído com a concepção do programa e por termos atuado em sua difusão e mentoria permanente.

Em outubro 2019, fizemos uma grande loucura: reunimos mais de 500 mulheres no estádio do Club Athletico Paranaense para cantarmos, em uma só voz, na produção de um filme do maior Flash Mob do Outubro Rosa de Curitiba, chamando a atenção para a importância da prevenção do câncer de mama e do seu diagnóstico precoce, unindo o máximo de mulheres em torno desse tema. Foi um evento incrível e o vídeo ficou sensacional! "Bem que alguém me disse, onde encontrar, **Clube da Alice**, pode ser seu lar..." cantaram e dançaram as nossas Alices, com o cenário do Estádio Joaquim Américo só para nós.

Em março, fui convidada para a minha primeira visita à sede do Facebook e foi muito legal saber que nosso trabalho aqui chamou a atenção da plataforma a ponto de quererem ouvir mais sobre ele.

O ano de **2019** também me trouxe um grande motivo de orgulho, a nossa participação no Facebook Summit 2019, o maior evento do Facebook na América Latina, que ocorreu no Memorial da América Latina, em São Paulo, em que o *case* do **Clube da Alice** foi apresentado. O movimento do Facebook de focalizar as comunidades iniciou-se em 2017, colocando as comunidades no centro de suas ações. Ou seja, assumiu o compromisso de dar poder às pessoas para a criação de comunidades, de modo a gerar oportunidades que as desenvolvam, como declarou, na ocasião, Conrado Leister, Diretor Geral do Facebook no Brasil. Se você observar o compromisso com as comunidades e a missão e atuação do **Clube da Alice**, fica claro o motivo pelo qual fomos o *case* apresentado no evento e, além disso, fica claro o ponto de encontro dos propósitos de ambos (o do **Clube** e o do Facebook).

Olha só que legal! E esse reconhecimento é fruto da participação, da atuação, da interação de cada Alice no **Clube**, em seus empreendimentos e na forma como uma apoia a outra.

2020

O engajamento do Facebook com as comunidades é tão forte que, em 2020, a rede social lançou o programa de "aceleração de comunidades", que oferece aos líderes de grupos e de comunidades um programa, com duração de seis meses, de treinamento e mentoria e com possibilidades de financiamento. E veja só! Entre as 12 comunidades escolhidas, que contemplam temas como apoio a refugiados, empoderamento da comunidade negra, empreendedorismo feminino etc., estava o **Clube da Alice**. Essa conquista me marcou muito e acredito que também foi representativa para cada Alice, pois resultou do nosso trabalho de incentivo ao empreendedorismo feminino e da forma como vidas foram transformadas por meio das publicações e interações na comunidade.

Também é legal eu contar para você que, por meio do programa, o Facebook investiu aproximadamente US$ 3 milhões nas 77 iniciativas selecionadas no mundo todo. Impressionante, não é? Talvez você esteja se perguntando o porquê do programa. Ele é uma evolução do programa de líderes do Facebook (2018), que já apoiava projetos em todo o mundo. A líder de parcerias para comunidades do Facebook para América Latina, Flavia Goulart, explicou que a rede social sabe da importância e do impacto das comunidades na vida das pessoas e, por isso, quer apoiar os líderes dessas comunidades na expansão do alcance de seus projetos. Muito significativa essa iniciativa, não é? Você sabia que, em 2020, as comunidades do Facebook impactaram mais de 1,9 milhão de pessoas? E nós fizemos parte desse montante! Mais um motivo de alegria e de satisfação para todas nós.

A partir desse programa, expandimos o **Clube** por meio de uma sucursal em Maringá, a terceira maior cidade do Paraná. Nos primeiros 15 dias, o **Clube da Alice** em Maringá tinha mais de 4 mil integrantes! A expansão para Maringá não foi motivada apenas pelo que foi oportunizado pelo programa, mas por um pedido frequente nesse sentido, em especial por mulheres que se mudaram de Curitiba. Então, avaliamos diversas possibilidades e, após contato com lideranças de grupos de mulheres paranaenses, identificamos que o empreendedorismo feminino é bastante forte em Maringá e decidimos levar a comunidade para a cidade.

Esse foi o ano em que o mundo se viu em meio à pandemia de covid-19 e todos nós tivemos de nos adaptar às restrições necessárias e reconduzir nossos empreendimentos. Conforme pesquisa realizada na ocasião, observamos que aproximadamente 60% das Alices realizaram compras por meio de redes sociais entre fevereiro e abril, período em que iniciaram as restrições sanitárias. Cerca de 54% delas também fizeram compras por aplicativos de mensagens, como o WhatsApp, e 53% realizaram suas compras por meio de sites de compra, como a Amazon, Magazine Luiza e Americanas, conforme pesquisa feita pela Ask Market Research no mês de maio de 2020. Também identificamos que essas taxas superaram o número médio de participantes do grupo que fizeram compras em lojas de rua nesse período (50%) e em shoppings (26%). Entre as participantes do estudo, em uma análise de entrevistas de mais de 2 mil mulheres, 70% delas afirmaram ter aumentado as compras pela internet durante o período de pandemia, sendo que mais da metade delas fez, pelo menos, uma compra no **Clube da Alice** no mês de abril.

Também foi neste ano que o **Clube** retornou para o lugar onde foi concebido: o Shopping Crystal, que se tornou a nova "casa" da comunidade. Essa parceria iniciou em junho de 2020 e só tem gerado bons frutos para ambas as partes. Quando iniciamos essa nova operação, tivemos a oportunidade de ter um estúdio de criação e um espaço especial para a Alice TV e seu programa *Chá das 5*. Além disso, termos o nosso espaço no Crystal possibilitou que pudéssemos dar apoio e orientar as Alices sobre variados temas em nossa própria casa. Adicionalmente, tem nos dado uma grande visibilidade, que é essencial para a nossa atuação com o trabalho colaborativo feminino.

Para o Crystal, essa parceria representa a concretização de um de seus objetivos, que é transformar o shopping em um espaço colaborativo e dar mais visibilidade ao universo empreendedor. Assim tem sido desde então, tanto para o **Clube da Alice** quanto para o Crystal, ou seja, uma parceria em que há reciprocidade.

E não é que em 2020 também fomos parar na televisão? Em uma parceria com o programa *Balanço Geral*, semanalmente, eu visitava a casa das Alices e mostrava onde nasciam as histórias de sucesso do **Clube**. Era uma grande emoção fazer cada gravação e, depois, dividir ao vivo com o apresentador Jasson Goulart como tinha sido a experiência.

Infelizmente o quadro tomava um tempo que eu não tinha, no momento, para realizar as gravações, mas com certeza foi uma fase inesquecível para mim e serei sempre muito grata à RIC TV pela oportunidade.

2021

Ao relembrar o ano de **2021**, não posso deixar de compartilhar com você outra conquista bastante positiva para a história do **Clube da Alice**, para a história de todas nós... Ela foi *case* do relatório *O Poder* *das Comunidades*, produzido pelo Laboratório de Governança da NYU (New York University, a Universidade de Nova Iorque), que aborda o impacto das comunidades digitais e as competências dos líderes de comunidades bem-sucedidas, como é o caso do **Clube da Alice**. Isso porque o relatório focaliza exatamente o que é a nossa missão e que comunidades tiveram êxito ao cumpri-la: conectar as mulheres, suas histórias e vidas (na época, o Clube já tinha mais de meio milhão de integrantes), conectando-as por meio do empreendedorismo feminino e pelas relações interpessoais, conexões que geram a transformação de suas vidas e do entorno.

Nesse ano, nós voltamos para a rádio com um projeto pelo qual me apaixonei de cara, um programa de três horas aos domingos na recém-lançada RIC FM. Durante um ano, eu, a Geovana Conti e a Tati Crespa comandamos o *Maravilha de Domingo*, sempre recebendo convidados especiais, além de compartilharmos receitas e darmos boas risadas. O programa tinha a participação das Alices, que amavam pedir músicas e enviar áudios para nós. Também havia muita música e dicas, como as da Cláudia Silvano, para os consumidores, e as da nossa colunista Dani Lourenço, sobre comportamento. Tudo isso embalava nossos domingos divertidos.

2022

E, claro, não posso deixar de falar de 2022, não é? Atualmente, o Instagram do **Clube** tem 103 mil seguidores! No Facebook, a página da comunidade possui 347 mil seguidores, e a comunidade (grupo secreto) integra 560 mil participantes e conta com o trabalho de 18 administradoras/moderadoras! Que números, não? Quanto movimento, quantas conexões!

Dessas conexões também surgiram parcerias, engajamento em causas maravilhosas e projetos motivadores de empreendedorismo, que têm gerado muitos resultados positivos e transformadores.

Com relação às parcerias, estabelecemos diversas delas, tendo como foco a saúde, o bem-estar, o entretenimento etc. Entre elas, há uma que amo de paixão! É a parceria com a Claro, uma empresa que se aproximou de nós com o intuito de apoiar nosso projeto. Com a Claro, criamos uma série de vídeos com dicas de filmes do Telecine, em que eu falava sobre os lançamentos e dava minha opinião sobre eles.

Esse projeto foi tão bacana que fui convidada para apresentar, em rede nacional, por meio do canal 500 da Claro TV, um programa chamado *Hits Claro Música*, em que eu conversava com artistas que estavam em destaque no cenário nacional e dava dicas sobre como utilizar o aplicativo *Claro Música*. Como o programa era transmitido para todo o Brasil, era muito legal ver amigas de fora me mandando mensagens animadas por terem me visto na televisão.

E vem aí mais uma novidade com a Claro! Dessa vez, serão dicas sobre a programação da Netflix. Estou animadíssima para começar a gravar!

Fazer parcerias com marcas para comunidades, como o **Clube da Alice**, demanda muita sinergia com o que as participantes postam no grupo. Um dos pedidos mais recorrentes no **Clube** são os planos de saúde e, por causa desse movimento todo gerado pelas corretoras na comunidade, fechamos uma parceria incrível com a Amil, que tem gerado frutos muito legais ao levarmos informações de qualidade sobre saúde para as meninas.

Eu adoro parcerias que trazem benefícios para a comunidade, como a que temos com o grupo de ensino Positivo, na qual as "Alices de Carteirinha" têm descontos nas mensalidades.

Nestes anos do **Clube da Alice**, já tivemos muitas marcas que nos apoiaram e sou grata a cada uma delas. Tenho uma gratidão especial pela Natura, que vem apoiando vários projetos nossos e que é a patrocinadora da nossa Meia Maratona de Curitiba – Clube da Alice – 2022.

E as novidades não param! Vem aí uma nova parceria que também me enche de orgulho, que é com o Banco Santander, o qual enxergou em nosso trabalho uma maneira de apoiar o empreendedorismo feminino. Mas isso será assunto para um próximo livro.

Quero falar de mais uma parceria maravilhosa voltada para o empreendedorismo, que foi a do **Clube da Alice** com o Vale do Pinhão, programa criado pela Prefeitura de Curitiba por meio da Agência Curitiba de Desenvolvimento S.A. Em 2020, foi estabelecida essa parceria com o objetivo de promover o empreendedorismo feminino, por meio dos projetos *Empreendedora Curitibana* e *Bom Negócio*, ambos do Vale do Pinhão, às **Alices Black**, que são Alices empreendedoras de um novo plano profissional do **Clube da Alice**. E que plano era esse? Criar um time de empreendedoras cadastradas e que focam o bom atendimento das participantes dos nossos grupos, trazendo-lhes condições e instrumental para empreenderem cada vez mais e melhor.

O primeiro encontro das **Alices Black** foi realizado também em 2020, na aconchegante casa da sede própria do Vale do Pinhão, no Moinho do Engenho, na rua Engenheiros Rebouças. Nele, mais de 120 Alices dividiram-se em duas turmas para aprender bastante com as mentoras que integram o projeto *Empreendedora Curitibana*. Como já é de praxe, a leveza, a diversão e as conexões fizeram parte do evento. Contrariando o dizer popular "a cerejinha do bolo", esse evento teve muitas cerejinhas, e uma delas foi que Andréa Cristina transformou as histórias das Black em textos fabulosos que foram postados no Instagram do **Clube da Alice** com a intenção de inspirar outras mulheres.

Ora, essa parceria uniu o que nós entendemos bem (o empreendedorismo feminino) com o intuito do movimento Vale do Pinhão, que é o de promover ações de cidades inteligentes. Dessa forma, uma cidade inteligente se desenvolve economicamente, aumenta a qualidade de vida das pessoas e gera eficiência nas operações urbanas.

Destaco, aqui, o trabalho da Cris Alessi, grande parceira e apoiadora do **Clube da Alice** e que é a presidente da Agência Curitiba de Desenvolvimento, órgão ligado à Prefeitura e responsável pela política de empreendedorismo e inovação do município.

Foram e têm sido muitas e diversas as causas em que o **Clube** se engajou e tem se engajado. Entre elas, lembro com muito carinho a do

Erastinho (ala infantil do Hospital Erasto Gaertner, especializado no tratamento clínico e cirúrgico de pacientes com doenças oncológicas), que nos envolvemos e unimos para a realização da The Hardest Run, a maior corrida de rua de Curitiba. A ideia foi integrar as Alices em prol dessa causa tão importante e necessária, e todas elas usaram um laço rosa que as identificava como Alices. Ah, para elas, havia um ponto de encontro no trajeto da corrida! Muito legal, não é?

Outro detalhe da corrida é que não importava se as participantes iriam correr ou caminhar, apenas que estivessem lá com toda a sua energia e coração em prol do Erastinho no alcance da meta de arrecadação para sua construção: R$ 1 milhão. Portanto, ninguém precisava se preocupar em chegar em primeiro lugar, pois a ajuda e a diversão de todos é que ocupavam esse pódio, comemorado com muita festa, é claro.

Também não são poucos os projetos de incentivo ao empreendedorismo. Entre eles, tenho muito carinho pelo do Mercadinho Crystal, voltado para o empreendedorismo infantil. O Mercadinho Crystal teve início em 2021 com o intuito de beneficiar o shopping e pequenas empreendedoras integrantes do **Clube da Alice**. A ideia deu tão certo que criamos a versão do Mercadinho para os pequenos empreendedores, que ocorreu na segunda edição da Feira de Empreendedorismo Infantil do **Clube da Alice**.

As crianças deram um show! Seu atendimento foi espetacular e todas estavam motivadas para apresentar seus produtos. Além disso, esses maravilhosos pequenos empreendedores tiveram aulas de educação financeira e de técnicas de venda na sede do Clube da Alice, no Shopping Crystal. É óbvio que a brincadeira, a festa, a solidariedade e muita diversão fizeram parte do evento, como um programa musical com os cantores mirins, show de princesas e heróis e ação solidária, que consistiu na arrecadação de brinquedos para crianças carentes – que também participaram do evento –, e se estendeu a todo o mês de outubro. Foi lindo de ver e sentir tudo isso!

Olhando para essa linha do tempo que escrevi para você, não consigo parar de pensar em tanta coisa que fizemos e em quantas coisas posso ter esquecido de mencionar aqui. Com certeza, todas as conquistas do **Clube**

da Alice nós devemos, antes de tudo, às próprias Alices, que me apoiam e fazem da comunidade o sucesso que ela é.

Gosto sempre de ressaltar que não tenho "seguidoras", eu administro uma comunidade em que cada uma pode se transformar na *influencer* de seu próprio negócio.

O jeito Alice de empreender veio do conjunto, do coletivo. Ele não é algo criado só por mim e, sim, por todas as participantes da comunidade. Se estou aqui contando essa história, é porque elas existem e confiam no **Clube da Alice** para postar suas alegrias, dividir suas conquistas, além de anunciar seus produtos.

Eu também não estaria aqui sem o apoio de todas as marcas e principalmente sem o apoio que recebo diariamente da equipe da Meta. Eu brinco com eles que, para trabalhar no Facebook, eles escolhem a dedo pessoas do bem e preocupadas com o ser humano.

A alma do **Clube da Alice** está no Facebook e me orgulho muito de ser uma *community manager* certificada pela Meta. Tenho certeza de que nossa história e parceria não terminam por aqui.

O jeito Alice de empreender veio do conjunto, do coletivo. Ele não é algo criado só por mim e, sim, por todas as participantes da comunidade.

#jeitoalice

@clubedaalice

São tantas histórias lindas e de transformações fantásticas que acontecem no **Clube da Alice** que quero destacar algumas aqui.

Vou começar com a história da Simone Costa que, para mim, materializa as possibilidades que as comunidades do Facebook oferecem para os participantes que aprendem a usá-las corretamente.

A história da Simone começa em 2016, diante de uma dificuldade de se recolocar no mercado de trabalho e da sua decisão de empreender. Esse é o caso de muitas Alices, que começam seus negócios por necessidade.

Ela apostou na sociedade com uma pessoa que, como ela me contou, foi uma grande decepção. Para você compreender bem como foi tudo, ao contar a sua história, trago alguns trechos do relato feito pela Simone:

> Eu, que financeiramente não tinha nada, em cinco meses sa*í* sem nada, a não ser um saldo supernegativo. Com as decepções que me rodeavam, amigos que não eram amigos e que hoje não tenho mais, torcida que era contra e assim por diante, tive que juntar meus cacos, o pouco que aprendi e toda a minha determinação, pois eu tinha recém-saído de um divórcio em que precisei me desfazer dos meus bens materiais, tendo que sustentar uma casa e uma filha. Eu garimpava retalhos de tecidos e os cortava com moldes comprados em cima da mesa da churrasqueira da minha casa. Eu já não conseguia diferenciar as minhas costas da dor nelas. Levava os tecidos para a costureira montar e saía vendê-los na sacola.

Nesse momento, entrou o **Clube da Alice** na vida da Simone. Nele, ela postava seus produtos e, assim, começou a gerar suas primeiras clientes, por meio das conexões na comunidade.

> Essa saga começou em setembro de 2016 e, em dezembro, tive a alegria de fazer o primeiro biquíni exclusivo da Nega Linda.
>
> Eu já fazia biquíni? Não, eu o confeccionei para uma Alice que me pediu algo bem específico por motivo de baixa autoestima

pós-maternidade. Eu aceitei o desafio por não aceitar que uma mulher não use um traje adequado na praia por conta de não gostar do que vê no espelho. A confecção de biquínis não era meu foco e nem fazia parte dos produtos que eu confeccionava para vender, mas entreguei o biquíni dela e a vida seguiu.

Uns dois meses depois, ela fez um post no **Clube** indicando o meu trabalho. Isso mudou toda a minha trajetória como profissional. Recebi tantas mensagens e tantos pedidos que me concentrei em aprender e estudar!

Acabei me especializando em moda praia e moda confortável, e, hoje, a minha maior realização é tornar a vida das mulheres mais fácil e feliz, dando-lhes conforto, elegância, beleza e qualidade.

Hoje, cinco anos depois, construí minha história profissional, tenho minha fábrica, crio todos os nossos modelos, tenho duas lojas, emprego sete funcionários com carteira assinada e indiretamente muitos fornecedores e colaboradores que fazem parte da minha história.

Minha filha trabalha na fábrica, eu me casei novamente e meu marido é meu sócio na loja do shopping.

Reconheço que vivo uma situação muito especial, pois não deixo de ser grata e de lembrar como eu comecei. No início, eu garimpava matérias-primas, entre elas os bojos. Eu procurava sempre o melhor, o mais em conta e comprava "de picadinho", porque era como eu podia. Então, você pode imaginar a minha alegria quando recebi, pela primeira vez, por meio de uma transportadora, as minhas caixas de bojos da Modelle, linha Sun, primeira linha! Essa é a Ferrari dos bojos! Essa é uma das muitas conquistas que alcancei durante esses cinco anos.

Que história, não?! O que me chama a atenção na Simone é como ela está sempre disposta a aprender e a colocar em prática as dicas que passamos para as empreendedoras. Ela perdeu a vergonha e começou a fazer vídeos para seu Instagram e, na maioria de seus posts no **Clube da Alice**, lá está ela toda orgulhosa ao lado dos seus produtos. Claro que ela não parou por aí! Seus posts estão sempre encorajando outras Alices para que também acreditem em sua força.

> Então, minha mensagem para você que está começando é: faça o seu melhor, acredite no seu negócio, acredite em você e acredite que existe muita gente boa nesse mundo disposta a ajudá-la, a ensiná-la e a apoiá-la. O **Clube da Alice** me trouxe muitos anjos, construí amizades com várias Alices do mesmo segmento que o meu, que são minhas amigas, que são inspiração e, quando precisamos umas das outras, estamos sempre prontas a nos dar as mãos! Estude, procure se atualizar, não tenha medo, não tenha vergonha. E se precisar da Nega Linda aqui, conte comigo!

Para completar minha felicidade com a história da Simone, enquanto eu estava escrevendo sobre essa história para você, ela postou lá no **Clube** sobre mais uma conquista:

> O dia de hoje é só gratidão.
>
> Meu amor por vestir mulheres reais nasceu aqui, no Clube Da Alice, quando, em 2016, uma Alice maravilhosa me deu a oportunidade de vesti-la de autoestima e fez uma indicação linda de viver do meu trabalho. Trabalho que, na época, nem era o que eu fazia... um biquíni, mas essa história já contei por aqui.
>
> De lá até aqui, 21/06/2022, muitos outros sonhos se realizaram: a Nega Linda se especializou em moda praia para mulheres reais, montou sua fábrica própria, montou uma sede nova da loja matriz, penou por alguns invernos, levou alguns tombos de pessoas desonestas, mas sempre levantou com a cabeça erguida, um sorriso no rosto e muito amor no coração!

Com o início da pandemia, em meio a tantas incertezas e medos, também nasceu o início do nosso sucesso em confeccionar roupas confortáveis, no mesmo conceito da moda praia. Que felicidade foi fazer do limão uma limonada! Tivemos um crescimento gigante no inverno, triplicamos nosso faturamento e, mesmo com a distância do presencial, conseguimos manter nossos corações quentinhos e gratos a cada uma de vocês que comprou conosco para receber seu produto em casa!

Ano passado abrimos uma filial no Ventura Shopping e está sendo um sucesso!

E hoje, com muito amor no meu coração, vim anunciar a vocês que nasce nosso novo projeto: a Nega Linda Kids está chegando para mudar todo o conceito de roupa infantil. Estou desenhando uma coleção incrível para vestir seu tesouro da forma que ele e você merecem: com muito conforto, qualidade, beleza e preço justo!

Convido todas vocês a acompanhar essa evolução na nossa página no Instagram: @negalindakids (https://instagram.com/nega_linda_kids?igshid=YmMyMTA2M2Y=).

Mônica Balestieri Berlitz, nunca cansarei de dizer, você faz coisas lindas acontecerem por aqui!

#gratidao

Como não contar para você a história da Bruna Barbosa e seus sonhos maravilhosos? Em 2016, ela nos contou:

Ser Alice para mim é: ser ESPECIAL!

Essa palavra define o meu sentimento pelo grupo. Clube da Alice é um cantinho só "nosso", em que trocamos informações, compartilhamos ideias, curiosidades e parcerias comerciais.

Utilizo a ferramenta há mais de 1 ano e sempre fui do tipo curiosa, que busca novidades e indicações. Sou noiva, e meu relacionamento tem 10 anos. Eu trabalhava em dois empregos lutando em busca do nosso sonho de CASAR e terminarmos a construção da nossa casa.

Meu noivo, para fazer um extra, resolveu vender os sonhos e as empadas que já são o sustento da minha família há mais de 30 anos. Parece fácil contando, mas, na prática, não tivemos muito sucesso. Afinal, meu pai os vende há 30 anos e já tem sua freguesia feita pela cidade.

Um dia, sem ter noção da repercussão que causaria, resolvi postar as fotos dos sonhos e das empadinhas que meu noivo iria vender, mencionando o local em que ele estaria. A minha esperança era a de que alguém o encontrasse para facilitar a venda.

Minhas preces foram atendidas, pois, em menos de duas horas, apareceram Alices de todos os lados! O sucesso foi tanto que estamos até hoje vendendo nossos produtos. Graças ao grupo e a essas mulheres, posso ter qualidade de vida pois, antes, trabalhando 15 horas por dia, mal conseguia ver minha família.

Atualmente, eu e meu noivo trabalhamos juntos, lado a lado, recebendo encomendas e realizando entregas para nossas clientes, a maioria Alices, que também nos ajudam com divulgação e indicação.

O Clube promoveu uma mudança em nossas vidas e só agregou melhorias. Uma corrente do bem em que só existe a intenção de ajudar o próximo.

OBRIGADA, CLUBE DA ALICE!

Esse foi só o comecinho da história de sucesso da Bruna e de seu sonho, que estava sendo construído com os seus sonhos.

Quem iria imaginar que de um post no **Clube da Alice** nasceria o melhor sonho de Curitiba? E não sou eu nem as Alices que dizemos isso, pois a Império dos Sonhos ganhou, por dois anos consecutivos, a categoria Sabor Popular — Sonhos, do *Prêmio Bom Gourmet* de 2018 e de 2019.

A criatividade sempre fez toda a diferença: "Somos pioneiros em fazer o sonho *banoffe*", conta Bruna. Ela aposta nas combinações moderninhas para fazer sucesso entre os clientes, como Nutella com morango e paçoca, além da sua versão da famosa torta de banana, claro. Tudo isso sem perder de vista os ensinamentos aprendidos com a família: "Minha avó teve uma fábrica de sonhos, que foi fechada quando ela faleceu, e meu pai também vendeu o doce como ambulante, durante 30 anos", diz ela. Demais essa história, não é?

Ah! No começo da sua história, a Bruna falou que era noiva, lembra? E não é que o sonho da "moça dos sonhos" se tornou realidade e ela teve o seu casamento como queria? Nós ficamos aqui na torcida para que sua vida continue sendo como os seus produtos, ou seja, muito doce! Que seu empreendimento continue cativando as pessoas, o que tem feito desde o seu primeiro post no **Clube da Alice**, quando nasceu um negócio que ganhou a mídia e o coração de muitas Alices.

Um exemplo do que acontece no **Clube da Alice** que também adoro é o da Rita Liz, e vou deixá-la contar para vocês como tudo começou.

> Minha história começou com muitas lutas. Eu tinha uma autoescola em Minas Gerais com meu ex-marido. Ele me deixou com três crianças pequenas e foi viver com a secretária. Caí em uma depressão profunda, fui até o fundo do poço... sem trabalho, pagando aluguel e com três filhos para cuidar.
>
> Um dia, uma amiga que morava em Curitiba ficou sabendo da minha situação e me convidou para morar na cidade! Cheguei em Curitiba em 2011, com meus três filhos pequenos, sem nada, só com as roupas na mala, para buscar novas oportunidades.

Aqui, conheci meu marido e logo vi nele seu potencial de trabalho. Eu saí do meu emprego de telemarketing e ele da construção civil. Abrimos a Ademir & Rita Pinturas e Manutenções (há oito anos) e fomos crescendo cada dia mais. Hoje, graças ao Clube da Alice, nunca nos falta clientes e, dentro do Clube, tenho aprendido muito! Superei minhas próprias expectativas, adquiri novas habilidades e talentos.

Hoje, é visível o crescimento da Rita como empreendedora e como ela utiliza os ensinamentos que passamos em seus posts, nos quais ela mostra o seu dia a dia na casa das Alices, sua parceria com seu companheiro e, com isso, humaniza o seu post e, a cada dia, conecta-se mais com as Alices.

Há uma história que aconteceu no **Clube** que ficará para sempre guardada na minha memória e no meu coração, pois ela fala de pessoas que pensam em fazer o bem sem olhar a quem. Então, você poderia me dizer uma coisa? Você já pensou em doar o seu tempo e a sua amizade para ajudar alguém? A nossa Alice Jana Estevão não só pensou nisso como fez um post na comunidade e, por meio dele, chegou no programa Encontro com Fátima Bernardes, na Rede Globo. Este foi o post dela:

Oi meninas, boa noite!

Normalmente venho aqui oferecer meus docinhos de festa, mas hoje vim oferecer outra coisa...

Tempo... um pouquinho do meu tempo...

Se você está precisando de companhia para ir a alguma consulta médica, se tem uma mãe ou uma vozinha que precisa ou você, que acabou de virar mamãe e está precisando de uma mão amiga para passar uma vassoura na casa, dobrar uma roupa, passar um cafezinho com bolo de fubá ou mesmo olhar o baby enquanto você toma um banho mais demorado, ou, se quiser apenas conversar, estou aqui... Hoje, não estou trabalhando fora de casa, cuido da minha casa, dos meus filhos e marido (essas

O **Clube da Alice** é muito mais que empreendedorismo feminino, é sobre a força que as mulheres descobrem quando dão as mãos.

#sororidade

@clubedaalice

coisas), mas sempre sobra um tempinho. Farei sem custo, de coração, sempre levo comigo que temos que oferecer o melhor de nós. Uma ótima semana a todas!

Como não se apaixonar pelas milhares de possibilidades que um post como o da Jana Estevão pode gerar?! Ela não só ajudou muitas Alices com seu tempo como também inspirou outras tantas a ajudarem também. Uma verdadeira conexão do bem!

Falando em conexões do bem, muitas são as histórias de mães de crianças especiais, como a mãe do Joaquim, que recorrem ao **Clube da Alice** quando precisam de algo muito específico.

É como eu sempre digo: o **Clube da Alice** é muito mais que empreendedorismo feminino, é sobre a força que as mulheres descobrem quando dão as mãos.

A nossa Alice Nathália Ragel fez um pedido especial na comunidade e, em pouco tempo, já teve que editar seu post. Veja como aconteceu essa conexão entre duas Alices.

Oi, meninas, boa tarde.

Ajudem uma mãe atípica e desesperada, por favor!

Alguém tem essa coruja? Precisa ser idêntica, que abra as asinhas assim também. Meu filho é autista, tem meses já que passa 24 horas por dia com essa coruja, leva-a para a escola, dá banho, comida, dorme e acorda com ela; ele acorda de madrugada para conferir se ela está com a gente na cama. Hoje, ele a perdeu na rua, ela estava bem velha e suja até, mas refiz o caminho e, em menos de 1 hora, já não estava mais lá. Ele a ganhou da madrinha, mas ela também não sabe onde vende essa coruja. O Joaquim a chama de Águia e bate as asinhas dela o dia todo, principalmente para se acalmar, por isso uma outra coruja precisa ser igual. Desde já agradeço muito!!

Edit.: Gente, conseguimos!! A Ketlyn Almeida e a filha doaram para o Joaquim; ele amou, aceitou superbem, pulou de alegria. Ela veio com a filha lá do Cajuru entregar para o Joaquim. Nem sei como agradecer. Que Deus as abençoe infinitamente!!!! Muito obrigada mesmo!

É muito emocionante pensar no poder dessas conexões! Eu poderia ficar aqui escrevendo páginas e páginas de histórias de Alices! Como você já deve ter percebido, eu me orgulho muito da história de cada uma delas e me sinto, de alguma maneira, parte delas também.

Mas como terminar este capítulo sem lembrar da ganhadora do nosso primeiro Desafio Alice Empreendedora?!

Não lhe contei sobre esse desafio ainda, né?

Em 2021, criamos um desafio para tirar as nossas empreendedoras da zona de conforto e fazê-las repensar seus negócios e a maneira como os divulgam. Tivemos muitas inscritas que nos contaram um pouquinho sobre a sua relação com o **Clube da Alice**.

Avaliamos vários pontos para chegar a 50 selecionadas, entre eles as respostas da inscrição e o envolvimento do perfil de forma positiva no grupo.

As meninas tiveram mentoras maravilhosas e, no final, a Ana Paula Karax foi a grande vencedora! É ela quem vai nos contar um pouquinho da sua história com o **Clube da Alice**.

> Sou Paula Karax, 42 anos, mãe de duas meninas, casada há 18 anos.
>
> Me casei e, logo em seguida, eu e meu marido fomos morar nos EUA. Batalhamos muito por lá, eu na faxina, ele na construção civil. Estudamos até aprender o inglês necessário para abrir uma empresa. Sonho sendo realizado, móveis planejados sendo instalados pelo meu marido – uma ótima fase para nós dois!

Eu pintava o rostinho de crianças nos shoppings e nas festas infantis nos fins de semana. Admirava o jeito que pais e filhos criavam memórias, usando roupas combinando. Engravidei! Minha filha, Alana, que já tinha nome escolhido dois anos antes, estava a caminho.

A alegria só acabou quando meu marido e sobrinho "foram convidados" a voltar para o Brasil. Eu estava no sexto mês de gestação.

Meu marido arrumou emprego na semana que minha filha nasceu!

Tudo foi se encaminhando. Eu fazia bolos com pasta americana, frutos de um curso que fiz por lá.

Uns quatro anos depois, resolvemos dar ênfase à profissão que meu marido aprendeu com o pai. Abrimos uma franquia de móveis planejados.

Tivemos a loja invadida e o showroom roubado umas quatro vezes.

Na crise de 2016, tivemos que fechar. Minha filha tinha quase 7 anos quando comecei a profissionalizar o nosso hobbie, incentivada por amigas, que era o de nos vestir combinando.

Era divertido e ficavam lindas as nossas recordações, que eu sempre admirei!

Talvez por minha mãe ter "ido embora" muito cedo, eu tenha essa mania de querer eternizar tudo. As primeiras peças começaram a ser comercializadas no site, no Facebook e no Instagram em 2016.

Muito importante foi o **Clube da Alice** no decorrer dos anos. Quando tive a oportunidade de fazer propaganda da marca pela cidade, a repercussão no Clube foi ainda maior.

A alegria das Alices em ver uma das participantes ganhando espaço é sempre radiante, e comigo não foi diferente! Ganhei amigas e clientes.

Para completar, há três anos, Deus enviou nossa pequena Lavínia!

A Minidella Mãe e Filha está a todo vapor, e temos um novo braço, a linha Mãe e Pet chamada Dogdella.

Sou movida a emoção! Sei que Deus nos guia e acredito na força do pensamento! A gratidão maior é ter a oportunidade de aprender a cada dia e de estruturar o negócio que envolve minha família.

Participei do 1º Desafio Alice Empreendedora, em 2021, e foi surpreendente ter alcançado o prêmio e os frutos.

Então, eu me motivei à realização de mais um objetivo! Hoje, além da fabricação das roupas, que alimenta nosso site, tenho uma loja física, recém-inaugurada, um espaço que amo cuidar e nele mostrar ainda mais o meu trabalho, que sempre foi feito com amor.

Alegria em reunir os corações de mães e filhas de várias áreas do Brasil para que estreitem seus laços, valorizem seus momentos. Tem sido incrível empreender e ver a finalização do meu trabalho em sorrisos lindos por aí, por meio da criação não só de moda, mas de muito conforto e estilo.

Eu adoro acompanhar o crescimento de Alices como a Ana Paula, mas, sem dúvidas, a melhor recompensa de liderar uma comunidade como o **Clube da Alice** é poder realizar sonhos.

Vou além: acho que, quando uma Alice realiza o seu sonho por meio do **Clube**, é como se todas as participantes se sentissem felizes e realizadas, e eu mais ainda!

A Patrícia Nonohay é uma Alice que fez um post no grupo procurando uma moça que tirou sua foto com o cantor Paulo Ricardo, de quem ela é muito fã. Infelizmente, a Patrícia havia perdido o contato dessa moça. Como o cantor faria um show em Curitiba, a Patrícia tinha a esperança de encontrar a fotógrafa no teatro para recuperar a lembrança. Então, encaminhamos o pedido da fã apaixonada para a Ana Riguetto, que é uma Alice e era a assessora de imprensa do show. A Patrícia não conseguiu a foto perdida, mas, sim, um novo encontro com o ídolo!

A felicidade da Patrícia com a notícia e com o carinho com que foi recebida pelo cantor e sua equipe em seu camarim foi uma delícia de ler no post que ela publicou na comunidade.

E quer saber o que foi mais legal? A fotógrafa do primeiro encontro também era uma Alice, e ela conseguiu recuperar a primeira lembrança com o Paulo Ricardo.

Como não ser apaixonada por todo esse movimento?

Gratidão ao Facebook e ao universo por podermos gerar conexões que fazem tão bem às pessoas!

Eu adoro acompanhar o crescimento de Alices, mas, sem dúvidas, a melhor recompensa de liderar uma comunidade como o Clube da Alice é poder realizar sonhos.

#sonhos

@clubedaalice

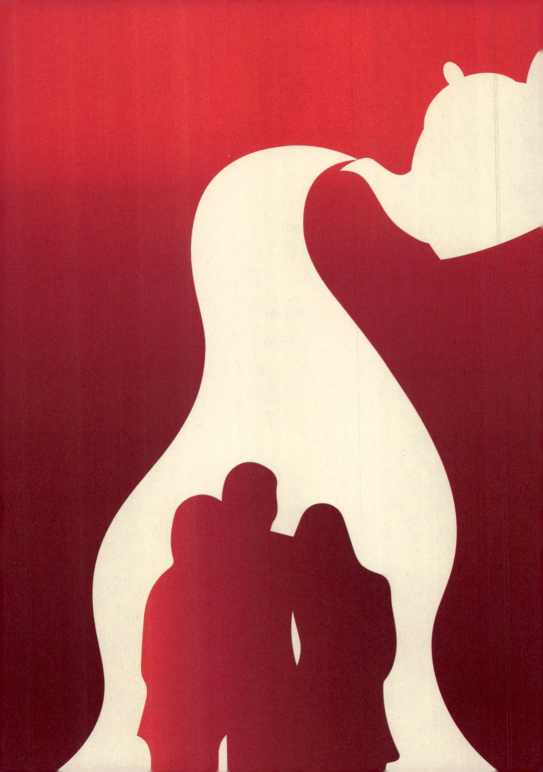

Conexões. Essa palavra que envolve a nossa comunidade em tanto e tudo, não é? Estarmos conectados, em sintonia, portanto, faz com que a vibração de cada um de nós ocorra em uma mesma frequência, o que gera transformação não só em cada ponto dessa rede, mas também para além dela.

Essa vibração é tão intensa e significativa que nos fortalece e nos inspira na busca da realização de projetos, na conquista de sonhos, na superação de desafios, no alcance do autoconhecimento, no desenvolvimento de aprendizados, no estabelecimento de vínculos de amizade e de apoio mútuo e na promoção de mudanças positivas a partir do e para o coletivo: entre Alices, do **Clube** e do seu entorno, ou seja, de cada elo da comunidade para a sociedade.

Não há como eu não pensar na imagem da teia, pois assim é a vida (como nos mostra o físico Fritjof Capra), assim somos nós em nossa história pessoal e na história que escrevemos juntos, e assim é o **Clube da Alice** nas conexões que tem a felicidade de vivenciar, buscar e propiciar.

Esse movimento tem sido tão bonito e significativo para cada ponto dessa teia que quero compartilhar um pouco mais dele com você. Para isso, trago os relatos de mais algumas pessoas e instituições que têm acreditado no potencial e na missão do **Clube** e, em conjunto, gerado mudanças tão necessárias e fantásticas em nossas parcerias. Ah! Você vai perceber que o que envolve mais estas conexões vai ao encontro do que está muito presente nos relatos das meninas e em tantas outras histórias que povoam a comunidade e fazem dela o que ela é.

Então, eu convidei algumas dessas pessoas para compartilhar mais esse ponto das nossas histórias, que se entrelaçam, pois, embora não saibamos exatamente quanto, sempre deixamos um pouco de nós e levamos um tanto das pessoas que nos acompanham em nossas caminhadas.

Passo, então, a palavra para a Andrea Sorgenfrei, que além de ser uma grande parceira como representante da Gazeta do Povo, é uma amiga muito querida para mim.

CONEXÕES TRANSFORMADORAS

A Gazeta do Povo, buscas mútuas e o encontro de propósitos

Andrea Sorgenfrei

Muito bom poder estar aqui para falar um pouco dessa nossa parceria, Mônica, tanto a pessoal quanto a que envolve a Gazeta do Povo e o **Clube da Alice**!

Lembro que nós acompanhamos o **Clube** desde o seu comecinho, quando foi criado o senso de comunidade, como ela seria e tudo mais. Nesse momento, percebemos rapidamente que havia um grupo se juntando para o desenvolvimento de algo diferente, que envolvia mulheres que se relacionavam de modo a contemplar o universo feminino, o empreendedorismo e a sororidade.

Hoje, quando falamos disso, parece tão claro, tão óbvio, mas na época era inovador. Ao olharmos para trás, isso era algo que já chamava bastante a atenção, pela forma de atuar e, principalmente, pela simplicidade como foi surgindo, acontecendo. Além disso, há o fato de o Facebook, como plataforma, ser um facilitador de trocas, das diversas interações entre as integrantes da comunidade.

Logo começou um burburinho. Era comum a gente ouvir: "O que é isso?", "Você faz parte desse grupo?", "O que acontece nele?". Quando nós, da Gazeta, como veículo de comunicação, percebemos movimentações como essas, um burburinho na sociedade, algo girando em torno, nós vamos checar o que está acontecendo. E vira notícia. De cara, vimos que algo interessante estava surgindo.

Contamos essa história, mostrando como era esse grupo de mulheres. E, quando contamos uma história na Gazeta do Povo, sabemos que transferimos para ela credibilidade e valor, porque checamos tudo que envolve a notícia, ao longo dos nossos 100 anos – uma prática do bom jornalismo.

Logo começamos a nos envolver mais para acompanhar o que estas mulheres faziam na comunidade. Nessa época, havia o suplemento *Viver Bem*, que não era voltado exclusivamente para mulheres, mas seu público era predominantemente feminino pelas pautas abordadas, como comportamento, família, moda, saúde etc. Vimos o quanto elas se ajudavam e como geravam bons debates e excelentes conteúdos. Foi quando surgiu a ideia de darmos voz a essas mulheres.

Criamos um blog para elas no *Viver Bem* e o chamamos de *Palpite de Alice*, que é o nome original da formação clássica do **Clube da Alice**, antes mesmo de ele ser concebido e de se tornar a comunidade no Facebook. Esse foi um período muito legal, de muito envolvimento. Você, Mônica, e as colaboradoras do *Palpite de Alice* faziam um rodízio entre vocês na produção do material. Cada uma começou a produzir conteúdo sobre suas respectivas áreas e, a cada dia, era publicado algo sobre determinado tema.

Com esse trabalho, tivemos casos maravilhosos, notícias e conteúdos superbacanas! Alguns desses casos até fazem parte do livro *Amiga, coloque a calcinha para dentro da calça e outras conversas*, da Danielle Lourenço Hoepfner, que fazia parte do *Palpite de Alice* e que contou sua história aqui.

Ali, começou a nascer de fato o **Clube**, que foi constituído primeira e primordialmente por uma relação muito forte e de muita cumplicidade entre vocês. Já nessa etapa inicial, foi possível perceber muita verdade naquilo que era colocado por vocês no *Palpite de Alice*.

Acompanhamos o processo de evolução e de transformação do **Clube da Alice** em seus vários modelos de negócio, pelos quais foi testado até que encontrasse o seu caminho. Muitos deles nós passamos a fazer e a trilhar em conjunto durante um tempo, como a parceria dos nossos clubes de benefícios: o da Gazeta do Povo e do **Clube da Alice**. A experiência foi interessante, mas cada um seguiu seu próprio caminho.

Desenvolvemos outros projetos em parceria, como as corridas das Alices, que foram extraordinárias, envolvendo aproximadamente 2.500 mulheres em duas edições. A experiência foi incrível e, mais uma vez, contamos juntas muitas histórias de superação. Então, o que eu posso dizer – e você, Mônica, sabe bem disso – é que a nossa relação sempre foi de muita troca. O **Clube** nos ajudou muito, sempre apoiando as nossas iniciativas, e foi um importante canal de distribuição, compartilhando nossas notícias na comunidade de forma muito natural. Nossa parceria é marcada por muita troca e sempre de maneira muito saudável para ambos os lados.

Particularmente, você, Mônica, é, para nós, uma referência como empresária, mulher de atitude forte e de princípios verdadeiros. E que é acompanhada por um grande parceiro. Não há como não falar do Paulo, o seu marido, que é a pessoa que faz toda essa parte do business e que ajuda muito não só o **Clube**, mas nós também aqui na Pinó, a unidade de desenvolvimento de novos negócios da Gazeta do Povo, com suas dicas e sugestões sempre assertivas e também na formatação de projetos. E por falar em projetos, estamos com várias novidades para sair do forno e, assim, manter sempre ativa a nossa parceria... Bem quentes, não é? Essas novas parcerias trarão histórias para o segundo livro. Nesse momento, posso revelar que serão novidades muito boas!

Novidades que certamente renovam e se identificam com o que sempre foi e é muito importante para todos nós: o **Clube** se constitui em um canal de desenvolvimento, e a Gazeta tem como missão o desenvolvimento das pessoas, da economia e dos negócios. Nisso nós sempre tivemos um alinhamento muito forte, pois a comunidade tem muito clara a preocupação com o indivíduo, no sentido de lhe oportunizar o empoderamento, dar-lhe voz, de criar oportunidades para as mulheres que fazem parte da comunidade, de propiciar a autonomia de cada uma delas. Penso que esses são atributos fantásticos!

Aqui, na Gazeta, também trazemos muito forte o senso de comunidade. Por exemplo, temos a comunidade de gastronomia, que gira em torno do Bom Gourmet; há a nossa comunidade de arquitetura e decoração, ligada à Haus... Então, para nós, esses são elementos excepcionais! E o **Clube** traz muito a questão da ajuda mútua, da cooperação entre as mulheres, do quanto elas são colaborativas e preocupadas umas com as outras e em fazer o negócio delas crescer; elas têm uma vontade muito grande de empreender.

Acompanhamos e conhecemos muitas histórias de mulheres que se ajudaram pela comunidade. E é uma satisfação muito grande podermos fazer parte dessas histórias e levá-las para o Brasil inteiro.

A sua figura, Mônica, é fundamental. Você é uma mulher que realmente inspira coragem, ousadia, determinação e protagonismo. Basta olhar para você para perceber o que é o verdadeiro espírito de empreender. Você se joga! Então, dá para compartilhar um pouco do que virá no nosso novo projeto. O que desejamos criar juntas é uma linha de podcast para falarmos de duas coisas que amamos: nossa cidade (Curitiba) e o que está acontecendo nela. A ideia é fazermos isso juntos, unindo mais uma vez o Clube e a Pinó.

Você nunca deixou de fazer parte da nossa trajetória, ao colaborar com nossa revista sendo colunista na área de inovação, sempre trazendo casos de sucesso de comunidades. Isso é maravilhoso!

O GazzConecta, que é nossa plataforma de inovação dentro da Pinó e da Gazeta do Povo, busca gerar estas conexões do ecossistema, mostrando ao nosso leitor o que isso significa; que inovação não é um bicho de sete cabeças. Ao falar de comunidades na Pinó, e não apenas da sua comunidade, novamente você demonstra muito da sua generosidade, e traz a sua expertise para falar sobre outras iniciativas existentes e que são transformadoras de uma sociedade, porque juntas as pessoas conseguem transformar muito mais do que sozinhas.

Para mim, o **Clube da Alice** é isso! É uma prova real de que juntas as pessoas conseguem realizar o que desejam e ter um alcance muito maior do que se estivessem atuando individualmente, sozinhas. Muito do que a comunidade faz, hoje, nós fazemos em nossas plataformas, trabalhando com esse senso de comunidade. Então, se fomos para o **Clube** uma inspiração, ele também o é para nós no desenvolvimento das nossas atividades. Essa sinergia tem sido fonte de muita inspiração mútua.

Refletir sobre isso me leva a pensar no papel que o **Clube da Alice** tem com a Gazeta e que se relaciona muito com os aprendizados, ou seja, o que temos aprendido um com o outro. Eu me lembro de quando você dizia: "Ah, mas eu não sou jornalista". Realmente, você não tem a formação, mas você é jornalista na essência, você é uma contadora de histórias, você vai atrás... Quando você vê algo na sua frente, você já para tudo e quer saber. É extremamente curiosa, e não só no sentido reduzido da palavra, pois você quer descobrir, entender, aprender e não quer guardar apenas para si, mas compartilhar rapidamente esse conteúdo com as pessoas, contar para todo mundo. Não importa o que você descobriu, pode ser um bom exemplo, uma boa história... você o propaga de forma muito ágil e responsável, sempre preocupada com a verdade e com a clareza das informações. Para mim, você é uma jornalista de alma.

Eu que convivo muito com jornalistas a minha vida inteira, sou jornalista e trabalho em uma empresa de comunicação posso dizer que você é, sim, uma jornalista de alma. Papel que você exerce com maestria. Quando optamos por seguir essa profissão, falamos que somos jornalistas nas 24 horas do dia porque, o tempo inteiro, quando estamos conversando, as nossas antenas estão ligadas para ver se o que ouvimos é uma história a ser compartilhada. E você, Mônica, é assim. Você faz isso o tempo todo e de modo muito natural! Então, é muito bom fazer as coisas com você, porque é uma troca muito grande. Nessa nossa parceria com a Pinó, você sabe que pode contar conosco e nós com você. Nós nos fortalecemos muito em nossas marcas, em nossos produtos e em nossos propósitos.

Sobre contar a história do **Clube da Alice** em um livro, avalio como algo muito positivo. Claro que a comunidade já se resolve por si, pois tem a sua história e a sua trajetória bem solidificadas, mas entendo ser importante compartilhar essa caminhada, mesmo que muito dela tenha sido registrado pela Gazeta do Povo. Penso que, cada vez que o **Clube** faz algo com a Gazeta, querendo ou não, há características diferentes. Nós somos uma empresa que foca a comunicação, a notícia, os fatos, a interação, a projeção nacional e que, hoje, dialoga com 15 milhões de brasileiros. É um alcance muito grande! Então, levar essa história da comunidade é uma chancela importante para o trabalho que é desenvolvido.

É assim... sempre que pensamos em alguém para falar sobre a Gazeta, sobre a Pinó, pensamos em você, porque você também nos passa toda essa credibilidade e essa referência. Portanto, há uma troca, uma conexão muito saudável entre as duas instituições – de novo preciso pontuar isso. E ela ocorre por vários motivos: um deles é porque a Gazeta enxerga no **Clube** esse pioneirismo e essa forma bonita de engajar as mulheres e os seus empreendimentos, de estimular esse empreendedorismo e de dar voz a elas, o que está muito na linha da crença e do que a Gazeta quer, aposta e busca. Da mesma maneira, acredito que a Gazeta tem muito a ajudar, a validar como veículo que tem uma tradição importante, que nasceu aqui em Curitiba (assim como o **Clube**), fazendo o seu trabalho com a notícia.

Essa parceria importante, que também é reconhecida por você, pois eu sei que você expressa esse reconhecimento, não poderia se dar de outra forma porque, como uma empresa centenária, a Gazeta viu o **Clube** nascer, crescer, dar seus primeiros passos, fazer grandes saltos, chegar a patamares bem elevados e conquistar a sua representatividade. Para nós, esse é um motivo de orgulho, e sentimos que fizemos o nosso papel nesse processo, porque, no momento em que demos esse espaço e essa voz à comunidade, nós também cumprimos com a nossa missão, ou seja, de fazer com que uma iniciativa como essa se desenvolvesse, pois isso faz parte do nosso DNA, da nossa premissa.

Quando olhamos para a sua trajetória, Mônica, sabemos que não foi fácil, e acompanhamos momentos bem difíceis na comunidade. Eu acompanhei processos que envolveram quase rupturas relacionadas à organização interna e vi o **Clube** se reinventar e se lançar. Nas redes sociais, principalmente, as pessoas costumam perguntar: "Como eu faço para tornar isto um business também e não ser só uma rede social?". A rede social é importante, é relevante, mas é preciso olhar para a organização, pois envolve pessoas trabalhando. Então, é preciso que a comunidade seja tratada como uma empresa para que sobreviva. Essa não é uma entidade pública que recebe recursos – não, uma comunidade é uma empresa e, portanto, precisa ter resultado. E está tudo bem compreendê-la assim. Sobre isso, eu vejo que as pessoas têm certo receio e algumas precauções em dizer que uma comunidade precisa ter resultados. Ora, ela precisa deles, sim, para que sua atuação seja viabilizada, pois ela também é uma empregadora, é uma geradora de oportunidades, de estímulo, e faz com que a economia gire e tudo mais. Portanto, está tudo bem contemplar resultados.

É importante que essa consciência seja ampliada, e acompanharmos a história do **Clube** nos traz isso. Ainda mais esse *case* sendo contado de uma forma real, mostrando as dificuldades, porque nem sempre foram etapas fáceis, boas. Volto a dizer que nós acompanhamos decisões que não foram muito assertivas, mas que pareciam ser e que, portanto, precisaram ser revistas e levaram a comunidade a tomar novos rumos. Isso faz parte, não é? E foi isso tudo que levou o **Clube** a ser o que é hoje!

Eu falo e repito, sempre que posso e onde eu possa falar, que essa é uma comunidade conhecida no mundo inteiro por meio do Facebook e que conseguiu ter resultado. Resultado é isso! Não é só você ter "x" seguidores, mas, sim, atingir um resultado efetivo. E o **Clube** tem isso! Tem para a própria comunidade, e esse é o modelo mais saudável que existe no mundo dos negócios. Então, para você, Mônica, poder falar a respeito e ensinar as pessoas, assim como todos os envolvidos na organização da comunidade, teve que aprender. E vocês souberam fazer isso em uma rede social, o que é muito difícil. É preciso tirar o chapéu para o **Clube da Alice** e olhar para esse *case* como um exemplo. Por isso, ele tem de ser registrado mesmo em um livro!

Ah! Precisamos pensar que a comunidade também teve de aprender a desenvolver uma forma de comunicação efetiva e que promovesse a interação entre as suas integrantes, tendo em vista a multiplicidade e as características de empreendimentos tão distintos e das histórias de cada Alice. Esse foi um processo longo e que demandou muita dedicação, aprendizados e persistência, porque promover a junção de tudo isso e cultivar um bom diálogo na comunidade é algo muito complexo. Isso porque é preciso se comunicar com a empreendedora que comercializa brigadeiro, com a prestadora de serviços, com a que vende roupas etc.

É claro que o **Clube** enfrentou dificuldades nesse sentido. Houve alguns momentos de dificuldade de diálogo na comunidade, até o momento em que essas dificuldades foram conduzidas de modo que a comunicação ficasse cada vez mais efetiva e que um melhor diálogo se realizasse. Mas isso, como eu disse, levou algum tempo e demandou muita persistência e aplicação de estratégias: foram colocadas as regras da comunidade, que são muito dinâmicas, o que implica constante atualização; apresentadas as definições e os objetivos do **Clube**; realizada a moderação das interações, para que a comunidade não se afastasse de seu objetivo; etc. E, assim, as pessoas compreenderam qual o propósito da comunidade, e tudo se tornou mais claro para todo mundo, inclusive para quem usufrui dela.

No começo, as pessoas falavam: "Nossa, não entendo o que eu estou fazendo aqui". Eu me lembro que elas também falavam que tinham sido convidadas para participar de um grupo e tal. E os homens querendo participar e curiosos para saber o que era "aquilo", esse grupo do Facebook. Havia uma aura de mistério.

Hoje, é muito legal, ao perguntarmos para uma pessoa se ela já ouviu falar do **Clube da Alice**, ouvi-la responder instantaneamente que sim. Ela pode até não saber muita coisa, mas já ouviu falar. Para o público masculino, permanece a curiosidade. Também para esse público, o livro vem contemplar mais essa expectativa de leitura. Penso que o livro traz muito forte esse despertar do empreendedorismo, a questão das redes sociais para uma comunidade, a visão de que uma comunidade precisa ter resultados e, portanto, é preciso monetizá-la (o que vocês conseguiram realizar muito bem, encontrando uma fórmula para transformar a comunidade em negócio, efetivamente), cultivar as conexões que se estabelecem tanto pelo empreendedorismo quanto pela amizade, pela sororidade e pelo sentimento de pertencimento que há no **Clube**.

Eu gosto muito quando você, Mônica, diz que não é uma *influencer*, mas o **Clube** é quem influencia. Suas ações de *marchant* são feitas de forma muito inovadora. Isso precisa ser mostrado, enaltecido e, assim, fazer com que as pessoas pensem fora da caixa mesmo. Eu reforço que vocês encontraram essa forma! Buscaram um novo caminho, mudaram o negócio com uma visão muito inovadora. Penso que vocês enxergaram uma oportunidade, foram em frente, meteram as caras, não acertaram de primeira, mas foram tentando, entendendo como isso se dava, não desistiram até encontrar o modelo de negócio de vocês, que "vai muito bem, obrigada!". E com mil possibilidades! Foi exatamente assim, pois eu acompanhei e acompanho isso tudo.

Se olharmos para o agora, veremos que as possibilidades do **Clube** são muito grandes! Além de pensar e lembrar de tudo que relato aqui, não há como não me vir à mente lembranças engraçadas, de perrengues que acabaram sendo divertidos e pelos quais passamos ao longo de todos esses anos em que estamos juntas e que somos amigas. Houve muita coisa, não é, minha amiga? Mas, por incrível que pareça, houve mais acertos do que perrengues, não é?

Há algo que eu quero contar, pois é muito "você". Tem uma frase que você diz que me dá desespero. Eu não posso me sentar em sua frente que você olha para mim e fala: "Amiga, tive uma ideia!". Meu Deus do céu! Lá vem você: "Vamos fazer isto...". Se deixar, você inventa uma coisa por dia! E olha que eu sempre me achei uma pessoa criativa, fazedora e tal, mas descobri que sou fichinha perto de você. Eu sou é aprendiz de feiticeira. Você tem muita energia! É fora do normal. E o tempo inteiro é assim! "Tive uma ideia!". Se eu fosse colocar em prática tudo o que você tem de ideia, eu estaria rica ou já estaria morta. Isso dá para classificar como um perrengue! Sério, Mônica, eu não sei de onde você tira tanta ideia da sua cabeça! Aí, você vai, já faz... Como você e o Paulo são muito ligados em produção, já vão lá e colocam a mão na massa.

Ah! Outra coisa que quero contar: como você chama muita atenção, as pessoas têm uma ideia errada sobre você. Eu sei que o que você mais ama é o bastidor, a coxia, o fazer e não apenas o estrelato. Então, fazer as coisas com você é muito bom. A capacidade que você tem de fazer, de realizar é muito grande. É impressionante! E nós embarcamos na sua loucura!

Em uma das vezes que embarquei em uma de suas ideias, ganhei de presente uma cicatriz... Essa história é de cunho pessoal, mas tá valendo aqui! Certa vez, entre as mil e uma atividades que você quer fazer, você me chamou para patinar. E lá fomos nós, não sei aonde, lembro que era muito longe, fazer aula de patinação com uns amigos seus. Pois bem, a aula foi maravilhosa, foi a nossa primeira! Depois, veio a segunda aula e eu lá, tentando ficar em pé. Quando eu estava me achando, caí e estraçalhei o meu pulso. Lembra? Você foi superparceira e me levou para o hospital, cuidou de mim, não me deixou fazer as coisas e me levava para cima e para baixo. Ah! Já fiz duas cirurgias...

Você é uma amiga extraordinária, Mônica! Eu acho que as suas horas se multiplicam porque você tem tempo para todo mundo, está sempre disponível. Você é uma amiga muito atenciosa! Certa vez, eu passei por uma situação muito difícil na minha vida. E você me acolheu de tal maneira! Você me pegou no colo – você e o Paulo – de uma forma maravilhosa. Inesquecível!

E por falar em multiplicação de horas... O tempo inteiro é você dizendo que soube de uma ginástica "x", de uma academia não sei das quantas, de Pilates... Tudo você quer fazer! E dieta também, não é? Já experimentou todas as dietas. Todas. Todas você quer fazer. Eu me lembro de nós duas, bem loucas, fazendo uma dessas dietas descobertas por você. Não posso deixar de rir lembrando disso! Olha, se tem uma coisa para experimentar com você, amiga, é dieta e atividade física. *É* o Pilates, é aquele negócio que pula com corda, é ir caminhar com uns troços pendurados... Nossa, é uma infinidade de atividades e o tempo inteiro! Você é cheia de energia para tudo. Inclusive para comer: "Vamos comer alguma coisa?". E lá vamos nós atrás de comida em algum lugar. Você é muito parceira! E também é campeã em comprar pacotes de viagem! Ouço em alto e bom som você falando: "Agora vai! Comprei esse pacote! Agora vai!".

É muito bom trazer essas lembranças neste meu relato!

Sobre as comunidades, eu ainda quero compartilhar mais um detalhe: eu participo de várias comunidades de mulheres e cada uma tem os seus projetos, cada uma tem um valor significativo, muito legal, assim como cada uma tem o seu propósito. Mas o que eu vejo acontecer no **Clube da Alice** é algo muito consistente. Você, Mônica, criou algo muito grande e muito forte, em que há o compartilhamento de uma força muito grande. E é muito natural isso tudo que você faz.

Em grande parte da minha vida profissional tive cargo de liderança, e ao meu redor sempre vi mulheres liderando projetos e áreas. Não sentia necessidade em falar sobre a participação e o papel da mulher, mas estava errada. Comecei a participar de vários grupos e percebi que não se trata de mim, mas de todas, e que precisamos estimular o protagonismo feminino sim, precisamos falar sobre equidade e sororidade.

Há coisas que só nós mulheres passamos, e não podemos achar que as nossas características, que são naturais, podem ser impeditivas, porque, de fato, elas não são. Ora, essas mesmas características, muitas vezes, colocadas em locais competitivos, fazem com que a gente consiga ter olhares e forças diferentes. Então, não é uma questão de ser mais que o universo masculino, apenas uma questão de existir um espaço tal qual o homem tem. Acredito que esta é uma luta importante, e o **Clube** traz muito isso, de forma natural.

Mônica, muito gratificante poder estar aqui com você e trazer no meu relato um pouco do tanto que realizamos e do que ainda iremos concretizar, a nossa amizade, as nossas histórias de apoio, engraçadas e de crescimento, a trajetória que temos compartilhado entre as comunidades da Pinó e do **Clube da Alice**, enfim, a nossa jornada em busca dos nossos propósitos e dos propósitos das pessoas que caminham conosco. Gratidão por essa oportunidade!

• •

Sempre é muito bom ouvi-la Andrea, minha amiga e parceira de tantos projetos e de tantas ações na busca disso tudo que você relatou e descreveu muito bem. Poder trazer o olhar de quem acompanhou e tem acompanhado a trajetória do **Clube**, ou melhor, não só acompanhou, mas atuou junto todo esse período, é algo que me deixa feliz e muito grata, porque o seu relato traz muito dos nossos anseios, dos nossos caminhos de aprendizado, dos nossos desafios e do que construímos e continuamos a construir.

Como você disse, buscamos inovar sempre em nossa comunidade, de forma orgânica e verdadeira, e levar o entendimento para as pessoas de que a inovação, a transformação, o empoderamento dessas mulheres (que têm tanto potencial e talento e que, muitas vezes, por diversas razões, nem sabem disso), o protagonismo, o empreendedorismo, as conexões e as relações positivas são possíveis, e não algo intangível ou um "bicho de sete cabeças", como você bem lembrou, Andrea, e que tudo depende de cada um de nós que compomos essa teia da qual eu falei e que eu posso ver muito claramente em tudo o que você relatou.

Ah, sim, eu sou a louca da dieta! Você lembrou bem, amiga! E como é bom ter a sua amizade, a sua companhia para todas as horas, das minhas enxurradas de ideias (é bem assim mesmo!) e de atividades malucas, divertidas e algumas até doloridas, como a nossa aula de patinação. Ah, amiga... tive uma ideia! Brincadeira. Mas eu tive sim!

Gratidão à vida por compartilharmos esse caminho em nossos projetos **Clube** e Gazeta e em nossa vida pessoal, pois você é uma amiga muito especial.

Sou muito grata à Gazeta do Povo pela confiança, apoio, parceria e pelas portas abertas não só para mim, mas para o **Clube da Alice** e o seu propósito que, como você pontuou muito bem em vários momentos do seu relato, Andrea, caminha junto com o da Gazeta, pois está em nosso DNA, em nossa missão e em nossos objetivos, que envolvem cada ponto dessa teia da vida, das comunidades que formamos e das quais fazemos parte e da sociedade.

Amiga, no seu relato, você toca em um aspecto que considero essencial e que trago aqui, nesse momento, de forma mais ampla, que é a questão dos olhares. Você está certíssima quando os situa na questão dos universos feminino e masculino exercendo liderança no mercado de trabalho, pois também compreendo esse aspecto social da mesma forma e percebo que a multiplicidade de olhares é muito saudável em toda e qualquer relação, projeto, grupo, sociedade... Na nossa comunidade, isso acontece de uma forma muito natural e rica.

Então, pensando nisso, convido a Adriana Biega a trazer o seu olhar sobre a comunidade e sobre um tema bastante presente em sua vida e em sua atuação como Alice, muito importante não só para o **Clube da Alice**, mas também para a sociedade, que é a questão animal.

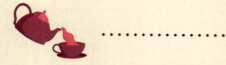

A proteção animal, o Clube e um projeto conjunto

Adriana Biega

Mônica, você me conhece. Para mim, é sempre uma grata oportunidade falar de bicho e de tudo que essa questão envolve. Fique tranquila que de bicho eu posso falar bastante, você sabe. Além de poder falar deles, é motivo de muita alegria para mim ser convidada para contar um pouco (pois há uma infinidade de coisas que eu poderia contar) sobre o **Clube da Alice**, sobre as histórias que ele traz e escreve com suas Alices e sobre as nossas parcerias envolvendo a questão animal, inclusive sobre o projeto que está começando a nascer. Ah! Já vou avisando que você vai ouvir os meus bichos participando desse encontro, desse meu relato, como não poderia deixar de ser.

Preciso dizer que estou muito feliz e até emocionada por poder compartilhar isso tudo com você e com quem irá ler o livro! É tão bom poder falar do que a gente gosta e faz, pois é uma verdade. É a minha verdade! Então, vamos lá.

Eu moro em uma chácara com meus bichinhos e eu brinco que eu ganhei um pedacinho do paraíso aqui na Terra. Eu brinco que Deus me deu esse pedacinho e disse: "Olha, Adri, aqui está o pedacinho de paraíso para você na Terra. Você cuida, né?".

Então, tá bom... Eu estou cuidando! Hoje, eu tenho aqui comigo quase 50 bichinhos. Eu já tive mais. Os meus cachorros são velhinhos, pois eu me dedico mais aos animais idosos e a grande maioria *é* de resgate, apenas alguns são de adoção. Eu os adotei de protetoras que faleceram ou que tiveram algum problema e não puderam mais cuidar deles, por terem ficado doentes, enfim, situações desse tipo. Portanto, todos os animais que estão aqui são de resgate ou de adoção, não há animalzinho comprado na chácara. Até porque eu sou a favor da adoção. Há tantos animais nas ruas, que o melhor é os adotarmos. Precisamos fazer isso, não é? Eu não sei o que as pessoas pensam sobre isso, mas esse é o meu pensamento.

Muitas pessoas questionam o porquê disso e de eu ter muitos animais de raça aqui. É comum eu ouvir: "Animais de raça! Como assim adotados?". Sim, Curitiba é a capital que mais abandona animais de raça nas ruas. As pessoas não têm ideia disso. Triste, não é? Eu cheguei a ter seis dobermanns em casa. Um deles era do meu avô e ficou comigo, como uma herança. Esse dobermann já estava muito velhinho e morreu com 18 anos, o que deixou o veterinário admirado, pois não é comum um dobermann viver tanto, por ser um animal grande. Animais de porte grande vivem menos, mas o nosso foi além das expectativas.

Antigamente, era diferente o entendimento da causa animal; hoje, temos a consciência de que temos de adotar os bichinhos. Aqui em casa há animais que foram resgatados nas mais diversas condições, como amarrados ao trilho do trem, com pneumonia, animais de rinha (eu tenho uma dobermann aqui que teve a perna toda mastigada em brigas), enfim, os desvalidos são acolhidos aqui, ou seja, os que não têm um olho, os cegos, os sem pata, os sem orelha...

Um dos últimos que eu adotei foi um idoso que estava com uma protetora, mas ela estava em uma situação muito triste e os animais foram parar nas mãos da prefeitura. Então, eu fui até o abrigo e, depois, em uma ação muito forte que fizemos em conjunto com vários protetores, conseguimos estar no abrigo da prefeitura novamente e eu adotei um velhinho, de porte grande, um cachorro enorme, cego dos dois olhos e sem as orelhas. Ele é um urso! Eu digo que ele é um ursão, um amor de cachorro. Infelizmente, há muitos animais nessa situação, e são todos cachorros especiais.

Eu entendo que todos os animais merecem cuidados especiais, mas há alguns que eu percebo que são mais especiais e estão desvalidos de tudo. Os animais são gratos por qualquer atitude que tenhamos para com eles, mas esses mais especiais, que têm alguma limitação, são tão sensíveis e tão carentes que se tornam muito dependentes e muito especiais para quem os adota.

Se as pessoas tivessem ideia disso e adotassem animais idosos, elas iriam fazer muita diferença nessa causa e no mundo. Além disso, elas teriam muita alegria e carinho em suas casas. Aqui em casa é assim, eles ficam por aí, em volta do meu ateliê quando estou trabalhando: passam pela janela, latem, ficam para lá e para cá. Eu tenho dois cavalos aqui. Uma pônei velhinha, que eu acho que foi muito usada para passeios ou algo assim e cegaram um olhinho dela, e tem o Ventania, cuja mãe eu resgatei, ou melhor, eu a negociei com um carrinheiro e fiquei com ela. Quando eu a resgatei, tive uma surpresa... Em um belo dia, eu olho e vejo dois cavalos! Não era um não, mas dois! Nasceu o Ventania. É uma alegria, realmente, eles são os donos da casa. O Ventania é o dono da bagunça.

A partir desse meu trabalho, do amor pelos bichos e da minha ligação com o **Clube da Alice** e com você, Mônica, que também se identifica e se sensibiliza com a causa animal, está surgindo um projeto conjunto. Contudo, só posso falar dele se, antes, eu falar de você, porque é graças à sua forma de ser, à pessoa que você é, que essa nova parceria está tomando corpo.

Quero ressaltar que tudo que eu disser sobre você é a pura verdade. Você é uma pessoa desprovida de vaidade (no sentido negativo da palavra) e de egoísmo. Na minha opinião, ao criar o **Clube da Alice**, você nos deu um país que deu certo! As coisas acontecem, realmente, as meninas pedem opinião, empreendem, há oportunidades diversas... Eu mesma tive oportunidades na comunidade!

Ao acompanhar tudo isso acontecer durante os anos em que faço parte do **Clube**, no qual falo muito de animais, dos perdidinhos e de adoção e no qual comercializo meus produtos, e após um acontecimento muito legal que deu certo na região de Pinhais e que envolve tudo isso, algumas ideias e anseios começaram a surgir. Ah, mas antes de eu continuar a contar sobre isso, preciso contextualizar um pouquinho mais a minha história, para que tudo faça mais sentido.

Eu morei fora do Brasil, mais especificamente nos Estados Unidos, e lá eu aprendi muitas coisas, entre elas o trabalho voluntário, que eu realizava em abrigos. Então, fui aprendendo uma infinidade de coisas. Com isso, comecei a ter muitas ideias. Em relação aos animais, nos Estados Unidos, a castração é um tema importante e uma prática comum, por conta dos vários benefícios proporcionados aos animais e por diminuir drasticamente o número de animais de rua, abandonados.

Pois bem, de volta ao Brasil e trazendo comigo todo o aprendizado que tive a partir da realidade que vivi lá fora e as ideias que povoavam a minha cabeça, comecei a me movimentar para concretizá-las. Eu procuro muito os políticos, faço reuniões, busco contato com prefeito para expor minhas ideias e a realidade da questão animal na sociedade e nas cidades. Penso que precisamos buscar esses caminhos para que sejam viabilizadas soluções, para que as ideias passem a ser algo real, e foi isso que fiz.

Eu lembro que, quando vim de férias dos Estados Unidos, fui para Pinhais e conversei, muitas vezes, com o prefeito da época, e lhe explicava como as coisas aconteciam nos Estados Unidos. Eu conversava muito com ele e as coisas foram acontecendo. Quando a sua vice assumiu a prefeitura, ela deu continuidade ao projeto.

Pinhais é uma cidade muito evoluída e o que foi implantado continua até hoje. Mesmo quando a pandemia de covid-19 estava no auge, a castração não parou, pois todos que trabalham lá são formidáveis, o envolvimento das veterinárias e do pessoal que as auxilia é admirável. Tudo muito legal! E, por fim, dentro desse processo todo, houve a inauguração do Centro de Castração de Pinhais.

Que alegria quando fui convidada e, em uma conversa, ouvi: "Lembra, Adri, das nossas conversas?". Ali estava a concretização delas, dessa troca que foi desenvolvida. Eu estava tão emocionada que não parava de pensar na inauguração e no que ela representava. Imagina! Iria acontecer algo muito importante em Pinhais, região metropolitana de Curitiba! Olha o nosso Brasil tão grande! Curitiba também tem um trabalho lindo, não podemos nos esquecer, mas a construção de um centro especial para castração em um município é uma fábula! Esse é o sonho de qualquer protetora ou pessoa que tenha simpatia com os animais e sabe das dificuldades pelas quais eles passam.

Eu não consegui nem dormir na noite anterior à inauguração! Eu lembro que fiz um discurso e fiquei tão emocionada que nem conseguia falar. Foi uma emoção indescritível, uma vitória, uma conquista! Era um domingo de manhã e íamos almoçar fora, eu e minha família, e eu só ficava pensando: "Meu Deus, eu preciso fazer algo maior que isso. Ora, se eu pude ser ouvida por um político, eu tenho (nós protetoras) de ser ouvida pela sociedade. É preciso fazer algo grande!".

Então, eu tive a clareza de que eu queria e precisava falar com você, pois o **Clube da Alice** é grandioso! Nele, as coisas acontecem, uma fala com a outra, dá opinião. São meninas que têm família e amigos, e por que não unirmos essas pessoas para disseminar ideias e ações para a causa animal? Pensando nisso, lá do estacionamento mesmo eu liguei para você, não queria nem almoçar. Minha mãe lá dentro do restaurante, me esperando, e eu com mil ideias. Você vai se lembrar da minha ligação. Eu liguei para você, disse que gostaria de conversar e já fui propondo: "Mônica, o que você acha de fazermos um **Clube da Alice** voltado para o pet?".

Claro que você pode falar melhor do que eu sobre essa ideia, pois você é quem entende da comunidade e de comunidades, não é? Da minha parte, como eu vejo: o **Clube da Alice** é uma comunidade de empreendedorismo e, se, de repente, começarmos a encher de postagens sobre bichinhos lá, vai mudar um pouco o foco, e a ideia não é essa. E eu entendo muito você quanto à organização e ao direcionamento da comunidade e, claro, você é quem pode falar e pensar melhor nisso. Eu só tive uma ideia.

Aqui com os meus botões, já pensei: e se fizéssemos um grupo separado, mas vinculado ao **Clube da Alice** e que também fosse fechado? Desse modo, tudo se manteria organizado, como é o **Clube**. Ou seja, a comunidade pet do **Clube da Alice** teria de partir dele, além de também poder ter toda essa logística que já acontece na comunidade, as conexões em que uma ajuda a outra. Eu já imaginei possibilidades. De repente, poderia aparecer uma psicóloga para apoiar, orientar as protetoras, pois elas precisam de orientação, porque muitas estão doentes – lidar com o abandono, com o ferimento e com a morte dos bichinhos todos os dias é muito dolorido. Ou uma Alice que trabalha com artesanato poderia fazer uma rifa para as protetoras. Essas são algumas das ideias que tenho. Eu vejo que há muita sororidade entre as Alices e que isso também seria possível na comunidade pet do **Clube da Alice**. E foi assim eu comecei a imaginar coisas que ali poderiam acontecer, trocas tão salutares, positivas e transformadoras como as que já vemos na comunidade.

Essas eram apenas ideias, suposições, sugestões que estavam (e estão) na minha cabeça quando conversamos, pois eu tenho a clareza e a certeza de que você, Mônica, é quem poderá pensar e desenhar melhor esse projeto e analisar sua viabilidade dentro do **Clube da Alice** como uma comunidade derivada dele, ou seja, o Clube da Alice Pet.

Esse projeto consiste em unir a proteção animal, sobre a qual eu tenho prazer de falar, e posso fazer isso porque conheço esse universo, com um grupo que dá certo, em que as pessoas são unidas e que vencem os mais diversos obstáculos. Nossa, o que foi o **Clube da Alice** nessa pandemia? Quantos produtos surgiram, quantas meninas se reinventaram! Um dia até brinquei em uma entrevista que dei para a Gazeta do Povo que o brigadeiro, um produto tão comum, foi transformado por uma das meninas em outra história – mas era o brigadeiro! Olha o valor que ela agregou ao seu produto! Ela se reinventou na pandemia. Isso tudo é evidente, basta olharmos as coisas maravilhosas que ocorrem e são oportunizadas pelo e no **Clube da Alice**. Eu fico imaginando a união desse grupo de meninas, empreendendo com familiares e com o amor pelos bichos, que muitas têm, conseguindo, juntas, mudar a realidade da proteção animal. Esse é o meu desejo!

Nesse movimento conjunto, as protetoras também se tornariam conhecidas. Eu falo em proteção animal porque esse conceito também engloba as protetoras – hoje, elas também precisam de muita ajuda. Por exemplo, elas fazem rifinhas de R$ 5,00 e, às vezes, nem conseguem vender. A sociedade lembra delas, mas quando é para resgatar um animal, não é? É algo assim: "Ah, tem um bicho atropelado, chama a protetora tal". E ela ajuda.

Então, qual é a minha ideia? Mostrar, contar a história de vida das protetoras – inclusive já fiz alguns vídeos com elas e farei mais –, por exemplo: "eu tenho tal idade", "eu comecei desta maneira", "eu tenho tantos bichinhos", "eu tenho estas necessidades". Para que, com isso, as pessoas conheçam essas mulheres e como elas atuam na proteção animal e, assim, possam auxiliá-las, ajudá-las de diversas maneiras, muitas vezes até pela adoção responsável de um bichinho que esteja com elas. Isso e muito mais poderá ser feito na comunidade pet do **Clube,** como publicar um post sobre um animalzinho que está para adoção, publicar explicações sobre como é um lar temporário, entre outras ações.

Ah, sobre isto eu preciso falar, pois é bem comum: quantas pessoas pensam que já estão velhas para ter um bichinho? Que acreditam estar impossibilitadas de adotar um cachorro, por exemplo, nessa fase, por achar que não têm mais tanto tempo de vida e/ou porque já precisam cuidar de si mesmas? E eu digo: "Que tal adotar um bicho idoso? Ou dar um lar temporário a um animal que está em um abrigo ou com uma protetora?". São possibilidades!

CONEXÕES TRANSFORMADORAS

Há prefeituras que abrigam animais, como a de Curitiba e a de Quatro Barras. Então, que tal nós começarmos a ajudar essas iniciativas e fazer a conexão entre pessoas para essa finalidade? Em você, Mônica, e no **Clube da Alice**, eu vejo esse país que deu certo e que poderia somar à causa animal. Foi refletindo sobre tudo isso que surgiu a proposta do projeto.

Acho que já contei bem sobre como o conceito do projeto surgiu, não é? Então, acho bem legal contar que eu e a Mônica já estamos jogando as sementes dele para germinar. No evento Moda do Bem, nós já tivemos o nosso stand do **Clube da Alice Pet** (nome sugerido por mim, mas que ainda não foi decidido), para o qual foram desenvolvidos alguns produtos, pela Mônica e por uma Alice, especificamente para o **Clube** para que fossem vendidos no stand, cuja renda foi destinada para ajudar as protetoras. Na ocasião, eu mostrei a La Xica, que é a marca dos meus produtos (as caminhas, os cones e mais algumas coisas), e também entramos com uma camiseta, cuja venda também foi destinada para ajudar as protetoras de animais.

Essa foi uma das primeiras coisas que eu e Mônica começamos a fazer dentro da ideia do projeto. A gente está prosseguindo e, se Deus quiser, vai dar tudo certo! Melhor dizendo: já está dando certo, pois, nesse evento, a organização pediu um quilo de alimento ou um quilo de ração e algumas pessoas levaram a ração.

Nós recebemos essa ração e entregamos para uma protetora, que cuida de animais no Capão Raso – animais do bairro e que ficam no terminal de ônibus e mais onze na casa dela. Nós sabemos da alegria que foi para ela receber aquela ração. A protetora pede ajuda na internet, mas só para os animais que estão no terminal, não para os que estão com ela. Quanta tranquilidade essa doação trouxe para ela quanto à alimentação dos bichos. Isso possibilitou que ela se concentrasse em outra coisa, pois a ração estava garantida.

Essa é a ideia: cada pessoa fazer um pouquinho, como vemos no **Clube** entre as Alices. Dessa forma, nós mudamos a realidade e damos importância a quem está envolvida nessa causa. Isso tem muito a ver com o lema da nossa camiseta, que é: "Vamos colocar o bem na moda". Ou seja, vamos colocar a causa animal na moda. Assim, nós também disseminamos bons exemplos.

Tudo isso que estou contando aqui, como eu disse, são ideias que eu e Mônica ainda estamos amadurecendo, definindo... E Mônica está estudando para decidir o que efetivamente adotaremos, como o nome do grupo, se ele será um segmento do **Clube da Alice**, como será a sua dinâmica etc. Detalhes esses sobre os quais ela tem uma expertise extraordinária para realizarmos a bom termo a estruturação do projeto. Eu estou muito empolgada e confiante com as possibilidades que ele trará para a proteção animal (para bichinhos e para suas protetoras).

Para além das possibilidades, o que me faz ver o grande potencial desse projeto é o que já existe no **Clube da Alice**, que é essa rede de apoio mútuo entre as Alices – uma apoia, orienta e aconselha a outra em esferas diferentes da vida, não só no empreendedorismo. Daí o seu viés humano estar muito presente nas relações de negócios, de amizade e de sororidade que se estabelecem na comunidade. É isso que eu vejo, que eu acompanho sendo uma Alice. Eu me lembro muito de uma Alice que fez uma publicação perguntando se alguém gostaria de caminhar com ela para conversar. Olha só que maravilhosas as conexões que elas vão fazendo umas com as outras! E, de repente, uma ação que é tão simples e pequena vira algo gigantesco, representativo, valoroso para as pessoas da comunidade e, claro, reflete em seu entorno. Essa é a ideia com a comunidade pet também, que essas conexões também aconteçam pelos animaizinhos e pelas e com as protetoras.

São pequenos milagres que acontecem na causa animal, assim como eu vejo ocorrer na vida de muitas Alices. Mônica, com a comunidade, transformou a vida de muitas mulheres, não importa a história, o empreendimento e a idade delas. Até as avozinhas tiveram suas vidas mudadas! No **Clube**, há avozinhas fazendo doces, por exemplo! É muito provável que elas acreditassem que não poderiam fazer mais nada e, de repente, estão lá fazendo seus doces, produzindo algo que lhes faz tão bem, para além da venda. A minha tia é outro exemplo dessa transformação – ela também tem suas publicações na comunidade. Que espetáculo tudo isso! Por isso, pensei: vamos incluir os bichinhos nessa rede de acolhimento e do bem, nessa comunidade que promove conexões positivas, transformadoras e amorosas. Há muito amor no **Clube da Alice**, isso é inegável. Então, só pode dar certo!

Outra coisa que não posso deixar de falar... Que grata surpresa saber que a história do **Clube da Alice** e as histórias que ele traz estarão registradas em um livro! Eu acredito que a gente precisa se expor e espalhar o que é bom. As coisas boas precisam ser mostradas, propagadas. O livro vai propiciar isso de uma forma mais aprofundada para quem já o conhece e faz parte dele e vai possibilitar que as pessoas que não fazem parte dele, como os homens, possam conhecê-lo.

Eu entendo que o **Clube** ser fechado é ótimo, pois é possível que as administradoras acompanhem o que está acontecendo, que haja um controle e que as regras da comunidade sejam respeitadas. Isso faz com que as interações e a dinâmica do **Clube** deem muito certo. As confusões que vejo em grupos abertos dos quais participo não ocorrem no **Clube da Alice**. Não há o risco de perfis fake estarem na comunidade e propagarem a confusão, o conflito, o que seria preocupante. Então, o **Clube**, por ser como é, por ter sua estrutura e ser fechado, é muito positivo.

Assim sendo, o livro é muito importante para que as pessoas entendam o que acontece na comunidade e para que elas saibam o quanto deu certo. Como eu falo, o **Clube da Alice** é o país que deu certo e tem dado certo! Eu o acho maravilhoso! Sinto o maior orgulho em dizer que eu faço parte dessa comunidade.

Lembro que foi uma amiga de infância quem me convidou para entrar, pois é assim que a comunidade começou a se formar: por convites de amigas. Muitos dos meus sonhos eu realizei no **Clube**. Quando eu voltei dos Estados Unidos, cheia de ideias, foi na comunidade que eu comecei a expor e a vender os meus produtos, assim como pude mostrar que eles são feitos a partir de todo esse conceito da causa animal, e fui abraçada pelas meninas. Então, Mônica, tem de contar, sim, tem de mostrar essa história. Eu acho que será maravilhoso para cada pessoa que ler o livro.

Penso também que as pessoas entenderão que a comunidade trata de relações, de conexões para além da venda e da compra, mas, muito mais, de conexões em que o bem surge de todos os lados, mesmo em relações de empreendedorismo. Essa é a essência do **Clube da Alice**. Eu acho isso espetacular! Aliás, quero destacar que o empreendedorismo, o empoderamento e o protagonismo feminino fomentados pelo **Clube** não são agressivos, pois, repito, é tudo feito com muito amor. Eu me lembro de ter lhe dito uma vez, Mônica, do desprendimento que você tem e que está presente na comunidade. Fazer algo em que não há uma estrela, mas uma constelação, só pode dar certo. Como existiria um céu estrelado com apenas uma estrelinha lá brilhando? Lembra-se disso?

O **Clube da Alice** é esse céu estrelado, pois cada estrela tem o seu lugar nessa composição do todo, e ele muda realidades, famílias, histórias e muda a vida de bichinhos! E isso mesmo sem ter o segmento pet do **Clube**! Veja, eu já consegui disponibilizar os meus produtos. Eu consegui colocar o meu sonho lá, o que muda a vida dos meus animaizinhos, das pessoas que entram em contato com eles e com as ações voltadas para eles e muda a vida de algumas protetoras, pois já fizemos ações voltadas a elas, como a produção de um calendário que vendemos na totalidade no **Clube da Alice**.

Lembro do dia do lançamento do calendário, realizado no **Clube**, quando ele estava lá no Shopping Mueller, e foi lindo! Eu entrei no Mueller e lá estavam os meus cachorrinhos do abrigo, a minha turma nos telões para todo mundo ver! Que coisa mais maravilhosa! É esse tipo de coisa que acontece na comunidade, que não há como não ficar maravilhada e que eu digo que é com desprendimento. Mônica é essa pessoa desprendida de ego e de egoísmo, que não agarrou a oportunidade só para ela, mas a abriu para várias pessoas para que elas começassem a brilhar. É preciso que isso seja falado pelo grau de sua importância. É por isso que eu repito: tudo isso é maravilhoso!

Em tudo isso que relatei aqui, fica muito claro o valor e a importância das conexões que temos a felicidade de estabelecer no **Clube da Alice**, pois nada se restringe a um elo, a um ponto da comunidade, mas reverbera em todas as pessoas que dela fazem parte e nos contextos, nas realidades que as envolvem.

Nossa, que delícia poder expressar tudo o que sinto e percebo sobre a comunidade e a causa animal ao deixar aqui o meu relato, Mônica! Eu ficaria horas aqui, você sabe... Se bem que eu teria de fazer um intervalo, pois, como você pode ver, pela agitação e pelos latidos, está chegando a hora do lanche dos bichinhos. Gratidão por mais essa oportunidade!

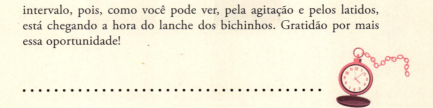

Delícia digo eu, por poder ouvi-la e rememorar momentos tão gratificantes e importantes, e por poder perceber também no seu relato o quanto ele retrata as suas emoções, tanto em relação ao **Clube da Alice** quanto à causa animal, que você conhece e propaga tão bem.

Causa essa que lhe é tão verdadeira e está tão impregnada em você que seus bichinhos estavam por perto enquanto o seu relato se desenvolvia! Maravilhoso digo eu, Adriana! Como não me envolver e envolver a comunidade nas ações que já desenvolvemos e nesse novo projeto que você idealizou e compartilhou comigo? Eu também penso, Adriana, que esse será um movimento que igualmente repercutirá entre as Alices, que irão fazê-lo ecoar para além delas, como sempre o fazem, não é?

Transformação, conexões, apoio, força, protagonismo, aprendizados, sororidade, bem e amor também estarão, com certeza, permeando a causa animal em nossa comunidade e, claro, na sociedade.

Eu tenho ouvido muito essas palavras nos relatos que tenho tido a felicidade de colher e, assim como na sua narrativa, Adriana, elas costumam ser expressas com intensidade e com a verdade de cada uma de vocês que têm me contado suas histórias, essa verdade que são as nossas histórias. Gratidão por esse momento, gratidão por nossa parceria!

E por falar em parcerias, que são muitas, graças a Deus, convido a Tati Crespa para compartilhar seu relato. Você, Tati, que, entre as mil coisas que faz, está comigo na produção de conteúdos para o **Clube** e em alguns outros aspectos da dinâmica dele, como na rádio, e que, portanto, faz parte do dia a dia do **Clube da Alice** nos diversos papéis que você desenvolve.

A propagação de caminhos de positividade, bem-estar e identidade

Tati Crespa

De primeira, quero dizer, Mônica, que gosto muito de desempenhar esses vários papéis e dos diversos trabalhos que temos desenvolvido juntas.

Poder estar aqui para contar a minha história com e no **Clube da Alice** e com você é uma oportunidade que me traz muita satisfação e alegria. Eu acho que, quando temos tudo a ver com algo e com alguém e quando nos encontramos no caminho, tudo flui e não há problema algum em nos abrirmos para isso e caminharmos juntas.

Então vamos à história… Olha, já faz um tempo que nós fazemos alguns trabalhos juntas! Eu me lembro bem de quando fui convidada por você para desenvolvermos o nosso primeiro trabalho. Logo ficamos amigas, e de lá para cá sempre realizamos coisas boas juntas, seja na rádio, seja no **Clube**. E isso tem sido toda semana! Inclusive nas lives que temos feito.

Na pandemia, nós intensificamos a nossa parceria: fizemos muitas lives com o intuito de ajudar as pessoas que estavam em casa, as empreendedoras que estavam enfrentando dificuldades por não conseguirem fazer os seus empreendimentos irem para frente e sofrendo com relação à saúde mental e física. Eu me lembro bem dessas lives, em que abordávamos um assunto diferente a cada semana. Eu gravava os conteúdos, mandava para você, que postava no **Clube** e, depois, nós fazíamos a live conversando sobre o tema. Lembro-me também que eu levei dicas de cabelo, de treinos e de como cuidar da alimentação mesmo que todos nós estivéssemos passando por aquele momento difícil. A intenção era deixar tudo um pouco mais leve.

Nossa, parece que faz tanto tempo! Como esse período da pandemia nos tirou um pouco o senso de tempo… Enfim, foi um período muito produtivo para nós, mesmo cada uma trabalhando de suas respectivas casas. O importante e o gratificante foi que conseguimos levar o apoio que nos propusemos a dar, da melhor forma que nos foi possível.

Sobre trabalhar com você... O que eu sempre digo é que todo o trabalho que eu faço com você é um aprendizado. Eu aprendo muito todos os dias! E poder fazer parte desses momentos no **Clube**, para mim, é fundamental na minha trajetória. Fundamental inclusive no legado que eu quero deixar no meu caminho.

Lembro também que eu trabalhei muito na pandemia, eu não parei, pois estava ajudando empreendedores e empreendedoras a divulgar os seus produtos. E isso tudo em home office, com entregas delivery. Era assim: eu recebia os produtos e fazia a divulgação como uma forma de doação mesmo, fazia isso para ajudar essas pessoas e continuarem o seu empreendimento. Portanto, eu não parei nesse período e isso me ajudou bastante.

Com relação à atividade física e ao bem-estar, eu também procurei ajudar, trocando minhas experiências, o meu dia a dia com as empreendedoras do **Clube da Alice**, e também foi aí que nós nos ajudamos.

Ah, como eu trabalho nas redes sociais, para mim, elas também foram uma válvula de escape nesse período tão difícil, assim como foram uma forma de eu ficar mais próxima dos seguidores e das pessoas que conseguiram estar presentes pelas redes sociais, pois muitas pessoas adoeceram e não conseguiam acompanhar, acessar as redes. Nesse quadro, também estavam presentes as pessoas que não conseguiram mais cuidar da sua alimentação e que, hoje, estão correndo atrás. Também há as pessoas que buscam acompanhamento psicológico e com outros especialistas para se recuperar, ter seu bem-estar novamente e, assim, ter uma vida com qualidade pós-pandemia.

Nós estamos nesse processo de precisar nos reinventar desde o auge da pandemia. Com isso, tivemos de buscar, descobrir coisas em nós que nem desconfiávamos que tínhamos capacidade para fazer. E isso foi muito bonito porque, aos poucos, levamos isso umas para as outras no **Clube**. Aí, nós fizemos o trabalho na rádio, que foi um trabalho muito legal; foi muito bacana poder levar dicas, orientações para o público ouvinte da rádio, que, claro, é formado pelas Alices, mas não só por elas. Então, nós pudemos chegar a mais pessoas. A partir de tudo isso, vira e mexe nós duas estamos inventando alguma coisa, não é?

Nessas atuações todas, e olha que não mencionei grande parte delas, no **Clube**, eu, sendo uma Alice, uma empreendedora e que tem a sua história pessoal, pude construir a minha visão, a minha percepção sobre a comunidade. Para isso, preciso começar a contar de época em que eu era uma Alice, mas você não sabia de mim, ou seja, não me conhecia, não sabia quem era a Tati Crespa. Já nessa época, o **Clube** era muito conhecido e reconhecido pelo seu propósito, que é algo que vem de você: ajudar as empreendedoras no sentido de levar para elas que podemos fazer diferente, que podemos nos reinventar.

Eu acho que a comunidade faz com que a gente acredite em nosso negócio e em nós mesmas, que podemos fazer diferente. Eu vejo que você consegue levar isso para as Alices, para as empreendedoras, o que faz com que elas invistam em seus negócios de forma positiva. Isso é tão verdade que, ao conversar com as meninas quando fomos ao Estúdio C, pude testemunhar o quanto elas são gratas pelo seu trabalho. Eu sou uma delas!

É muito bom percebermos o quanto somos valorizadas e que podemos ir além do que imaginamos com as dicas, com as experiências de cada uma, com os aprendizados e com a ajuda mútua. Alguém está precisando de alguma coisa, posta no **Clube** e a ajuda vem muito rapidamente. É uma informação que chega e mobiliza as meninas de forma imediata. Essa é uma comunidade que veio realmente para ajudar, para somar. O empreendedorismo exercido por meio dela é muito humano, não é uma mera relação de compra e venda, há outras ações e valores que permeiam o empreendedorismo – as relações e as conexões entre as mulheres que integram o **Clube**.

É impressionante como a comunidade envolve, percebe e toca cada Alice que ali está. Isso faz toda a diferença! Muitas vezes, alguém está ali desanimada, seja por qual motivo for, e começa a acompanhar as postagens, as interações; então, observa as viradas de chave, recebe acolhimento, orientação, e é isso que basta para essa pessoa que estava desanimada ter seu start, reanimar-se, transpor suas barreiras e se transformar, assim como transformar o seu empreendimento.

A necessidade de inovar é diária e para o resto da vida. A comunidade é um verdadeiro celeiro de ideias, aprendizados, renovação e evolução contínua. O **Clube** veio somar também nesse sentido, pois as meninas trocam muitas informações e percepções, observam o que está acontecendo. Dentro dessa dinâmica, você está sempre lá, na frente, percebendo os novos movimentos, buscando informações e as compartilhando. É isso que faz tudo acontecer, pois você possibilita uma ação mais assertiva das empreendedoras.

Enfim, são muitos detalhes e realizações sobre os quais poderia falar aqui. Inclusive sobre os perrengues que já passamos nessa nossa correria e que conseguimos dar um jeito sempre, não é?

Ah! Eu vou contar um que me veio à memória agora e tem a ver com uma das nossas lives! Uma convidada não compareceu e nós começamos a improvisar (você da sua casa e eu da minha, ao vivo!) e acabamos falando de coisas que não tinham nada a ver com o tema da live. E olha que conseguimos um engajamento que não tínhamos ideia de que alcançaríamos! Como foi ótima a recepção da live! As pessoas amaram. Nós ficamos supernervosas e fomos improvisando, e não é que o resultado foi ótimo? Amiga, que loucura! Saímos do script com sucesso. O que é a criatividade e o jogo de cintura! E, claro, a sua rapidez, Mônica. Eu falo que aprendo muito com você até nisso, você é muito ligeira.

Essa nossa parceria dá tão certo, que uma chama a outra quando é preciso de um suporte. É uma via de mão dupla. Inclusive em nossos diálogos, como os que já realizamos algumas vezes, em que você falou (e fala) muito sobre a questão de ter uma pessoa negra no **Clube**, pois é preciso que seja abordada, vivenciada essa questão e que se dê lugar à representatividade da pessoa negra, em especial no contexto da comunidade, ou seja, da mulher negra. Até porque a população negra em Curitiba é menor que a branca, então, é positiva e essencial essa inserção e atuação da pessoa negra nos vários contextos e nas diversas relações sociais.

Eu posso dizer por mim mesma, pois, nos lugares que eu frequento, geralmente sou a única negra presente. Eu cresci assim. Quanto a isso, falo que nunca foi um problema para mim, mas eu vejo, entendo e sinto assim pela forma como meus pais me criaram. Eu nasci e cresci aqui em Curitiba e na sala de aula eu era a única negra, assim como na catequese, na igreja... Se isso fosse um problema para mim, eu iria viver na frustração, não é? Papai sempre me falou que independentemente do lugar onde estivermos, sempre respeitaremos o próximo e estaremos de cabeça erguida.

Você tem muito presente essa questão em você e no **Clube**, pois é muito cobrada na comunidade com relação a isso, a partir de afirmações como: "Por que aqui não tem tantas mulheres negras?", "Por que isso, por que aquilo"... E nós conversamos muito sobre isso, trocamos experiências com relação a essa questão. Eu acho que isso também é algo superbacana, ou seja, poder levar um pouquinho da minha história para você e para o **Clube**.

Eu digo que cada pessoa tem a sua história e, poder somar nossas histórias, levando-as para um lado positivo, é maravilhoso e só nos ajuda, porque nos permite compreender melhor o outro e nos apoiarmos, inclusive no sentido de rever nossos conceitos e entendimentos, que estão cristalizados em nós e que precisam ser revistos para, assim, mudarmos (se necessário for) nosso ponto de vista sobre nós e sobre o outro. Isso tudo é uma conquista, no sentido de dirigirmos um olhar diferente a nós mesmas, pois, muitas vezes, o que sentimos e/ou entendemos como uma limitação ou algo que nos desagrada, faz parte da nossa identidade, de como somos.

Além disso, muitas vezes, o modo como olhamos para nós mesmos e nos sentimos vêm de fora e não têm nada a ver conosco, ou seja, absorvemos padrões, percepções e conceitos que não são nossos e não nos damos conta desse fato. Por isso, eu digo que você e o **Clube** têm um papel bastante rico nesse processo de conscientização e de autoconhecimento. De minha parte, fico muito feliz por poder participar disso, agir e interagir nesse sentido com as meninas na comunidade.

Uma das formas pelas quais eu faço isso é falar do meu cabelo e dos cuidados que tenho com ele. É isso que eu levo muito para as redes sociais. Isso porque as mulheres precisam desse apoio, no sentido de mudarem o seu olhar e a forma como se sentem com relação a essa questão, se aceitarem e se sentirem livres para fazer o que quiserem com seus cabelos. Houve um momento da minha vida, por exemplo, em que passei pela transição capilar. Metade da minha vida eu usei o cabelo liso e também me achava linda, maravilhosa e não via problema algum nisso. Contudo, houve outra fase, quando eu já estava adulta e depois de ter o meu segundo filho, que eu quis conhecer o meu cabelo natural e, então, passei pela transição capilar.

Durante esse processo, conheci os cuidados necessários para o meu cabelo, descobri produtos que deram e não deram certo... Essa é uma descoberta contínua, estou sempre experimentando, buscando... O meu cabelo tem vida própria, então, eu tenho de ir observando, sentindo ele e cuidando conforme o jeitinho dele. Poder compartilhar isso com as meninas é muito bom! É muito gratificante trocar isso tudo com elas que acompanham o **Clube** e, nesse universo, com as negras que fazem parte da comunidade, para que elas possam ver que é perfeitamente possível; para verem e compreenderem que, se eu consigo, elas também conseguem, e, com isso, aceitarem-se como são. Este é um ponto que eu levo muito para as pessoas: elas têm de aceitar a sua beleza, pois somos únicas, cada uma com a sua. Deus foi tão perfeito ao nos criar que não existe outra Tati, outra Mônica, outra Maria, outra Raquel... Somos únicas! Então, vamos valorizar a nossa individualidade, a nossa identidade e dar show e flashes por aí!

Temos a nossa individualidade no universo da diversidade, não é mesmo? Ou seja, somos iguais como seres humanos, que têm as suas características próprias, e fazemos parte desse universo da diversidade. É esse entendimento que permite que barreiras sejam sobrepostas e, quem sabe, um dia, nem colocadas mais.

A gente pode ver isso nas nossas famílias. Veja só, eu sou negra e meu marido é branco. Os meus filhos puxaram muito a mim. Quando eles eram pequenos, eles tinham o cabelinho liso e grosso. Agora, eles estão com o cabelo enrolado; o de um deles está quase ficando crespo, é todo cacheadinho – uma mistura. Eu costumo dizer que o meu sangue dominou! Aliás, o povo brasileiro é uma mistura, não é? Olha só uma parte da minha mistura: a minha avó era índia e se casou com um negrão, e olha eu aqui!

Essas questões da igualdade, da diversidade, da identidade e da individualidade, que estão interconectadas, estiveram presentes em muitas das nossas conversas e reflexões. O preconceito é um tema que você coloca em foco no seu trabalho como um todo: no Clube, nas lives... Eu me lembro de que, em determinada ocasião, você quis abordar o tema e me chamou, e eu fui muito sincera com você lhe dizendo que poderíamos falar disso, mas que eu não teria uma história "triste", no sentido de eu ter sido pesarosa ou aflitiva com relação a preconceito, para contar. E eu sou julgada por isso por algumas pessoas.

E por que comigo foi assim? Porque, graças a Deus, a minha criação foi diferente. Nesse sentido, eu fui uma privilegiada. Eu nunca fui rica. Meus pais também não, mas sempre muito batalhadores e sempre nos deram do bom e do melhor. Eu sempre estudei em escola pública e o meu convívio, como mencionei antes, foi sempre com pessoas brancas – eu era a única nos diversos espaços de convívio em que estive. Pois bem, quando eu conto a minha história, as pessoas esperam que eu fale que ser negra foi (ou *é*) um problema em minha vida. Ou seja, há a expectativa de que eu conte coisas que não aconteceram comigo. Eu respeito a história de cada indivíduo, a história de pessoas negras que não tiveram o privilégio que eu tive e cuja trajetória foi bem diferente da minha, mas eu não posso contar o que eu não passei, o que eu não vivi.

Sim, eu sou negra, sempre aceitei e isso nunca foi um problema para mim. Esse é um legado que eu transmito aos meus filhos. Eu falo para eles: "Vocês são negros, descendentes de negros. Isso nunca vai ser um problema porque nós somos seres humanos e, portanto, todos iguais". Portanto, eu procuro trazer para eles e para as pessoas a quem a minha fala chega a minha vivência, compreensão e os meus aprendizados sobre essa questão.

Eu penso que os nossos ascendentes (pais, avós, bisavós) já sofreram tanto e que temos, sim, de ter consciência e respeito por isso, por nossa ancestralidade, mas não podemos apenas sofrer, e de forma pungente, por conta de tudo isso. Entende? O que eu quero dizer com isso? Eu tenho colegas negras, do mundo digital, que sofrem com isso com uma intensidade que você não tem ideia. Lembro que eu estava no salão de beleza de uma delas e uma senhora se aproximou de mim e fez uma pergunta. Então, essa colega pensou que a senhora estava achando que eu era funcionária do salão por eu ser negra. Ali, ficou claro para mim que ela carregava viva essa dor com ela, que ela tinha a percepção de que as pessoas a consideram como a pior pessoa ou como uma "coitadinha". E essas ideias é que acionavam o posicionamento e os sentimentos dela em situações que, de fato, não têm nada a ver com isso. Entende?

Volto a frisar, eu respeito a história, a bagagem e os sentimentos de cada pessoa, mas o vivenciar, o entender e o como lidar com o preconceito são ações muito relativas de pessoa para pessoa e, portanto, de história para história. Às vezes, a pessoa tem uma história e leva isso com ela, que lhe é dolorosa e que ela não conseguiu levar para um outro lado, e isso tem de ser compreendido e respeitado. Da mesma forma, é preciso ser respeitada a minha história e como eu a levo comigo. É assim que eu penso.

Como eu já disse, comigo foi diferente por conta da criação e da vida que eu tive. Isso tudo veio especialmente do meu pai, que sempre nos mostrou que somos todos iguais, que temos de correr atrás dos nossos sonhos, batalhar... "Temos, temos, temos...". Ah, e temos de andar bem arrumados! Eu falo para os meus filhos: "Não vão andar na rua descabelados que as pessoas vão olhar diferente para vocês". É isso. Existe preconceito? Existe, com qualquer pessoa e os mais variados preconceitos. É por isso que eu digo que temos de nos arrumar, andar com a cabeça erguida, fazer as coisas certas, andar no caminho certo; caso contrário, aí está a chance para virem os julgamentos pautados nos preconceitos, nos estereótipos, nos rótulos.

Quem de nós já não pisou em ovos em algum momento ou em determinada situação? Temos de saber que isso ocorre (e ocorrerá aqui e ali), mas isso não deve tomar a proporção de um problema, de uma barreira que não nos permita ser quem verdadeiramente somos, que nos impeça de permitir a nós mesmos ser quem somos.

É nesse sentido que eu falo que não há problema algum com a cor da nossa pele e eu preciso de todo o cuidado para falar isso. Como assim, gente? Em suma, eu penso que o respeito deve existir com todos e entre todos e com a história de cada pessoa. A forma como ela carrega e transmite a sua história é muito individual e igualmente merecedora de respeito.

A minha escolha foi essa que relatei, e é isso que eu procuro passar para os meus filhos. Eu também transmiti muito esse aspecto, essa minha postura no **Clube** e as meninas entenderam. Isso só faz bem a todas nós. É preciso que entendamos o lado de cada pessoa, levando em consideração como foi (e tem sido) a vida de cada uma, o contexto que a cerca e a sua história.

Sabe, Mônica, eu só tenho a agradecer a Deus pelo privilégio que tive e tenho de ter a minha família, de ter o pai que eu tive e que mostrou – entre tantas coisas – que há o lado bom das coisas e que a vida é feita de escolhas. Eu escolho olhar para o lado bom e levar o que é bom, de forma que eu consiga transbordar isso para as outras pessoas. Eu entendo que nós somos muito o que transparecemos, o que transmitimos, então, precisamos nos deixar ser e deixar fluir o que é bom em nós e na vida, e fazer o bem sempre.

Eu também penso que cada uma de nós precisa ter ou buscar ter consciência do seu poder e da sua capacidade e liberdade de se transformar, porque cada pessoa possui isso dentro de si e tem a sua forma de estar no mundo e com as pessoas. Isso é notório na comunidade, seja na história individual das Alices, seja na(s) história(s) que constroem juntas, uma apoiando a outra. É isso que eu busco levar comigo. É muito gratificante perceber que, de alguma forma, em algum momento e com algum significado eu pude contribuir com as meninas nesse sentido.

Eu posso exemplificar isso falando da questão do cabelo, como mencionei anteriormente, que, aliás, é um aspecto que envolve toda mulher: em uma live que eu e você fizemos, eu apareci com o cabelo liso, pois eu tinha feito escova e falei que estava com vontade de ver o meu cabelo liso. Eu não queria alisar o meu cabelo, não era essa a ideia, mas eu queria ver o comprimento dele e ver o meu cabelo liso de novo. E tudo bem! Qual o problema com isso, não é? O meu cabelo estava superliso e me senti linda assim também. Naquele momento, eu queria estar com o meu cabelo liso e tudo certo. Ou seja, precisamos nos aceitar da forma que nos deixa felizes, assim como nos permitir mudanças que também nos deixem felizes, sejam elas temporárias ou mais duradouras.

Esse entendimento é muito salutar para toda e qualquer mulher. Quanto às mulheres negras, há as que não se identificam com o cabelo crespo, e também está tudo bem. Veja só a minha mãe: ela usa o cabelo liso e a cada três meses está no salão deixando o cabelo dela lisinho, e está tudo bem. Ela está feliz assim! Ah! Agora, a mãe cortou o cabelo bem curtinho. Ficou lindíssima! Eu disse: "Mãe, não me dê essas ideias!". A mãe disse que não vai passar mais nada. Mas eu duvido!

É isso que eu procuro levar para as meninas no **Clube**, pois o importante é a pessoa estar de bem com ela mesma. Não adianta querer fazer transição capilar e não se aceitar, seja com o cabelo crespo, seja com o cabelo enrolado. Aí, vai ficar sofrendo? É comum ouvir: "Ah, eu não quero cabelo assim, mas eu tenho que...". Não, ninguém "tem que" nada! A pessoa tem que se sentir bem. Isso é o que nós falamos muito nas lives, pois o importante é estarmos nos sentindo bem do jeito que estivermos.

Eu me descobri com o cabelo crespo, até hoje eu gosto dele assim e me acho linda e maravilhosa. Pode ser que, amanhã, eu queira alisar – e tudo bem! A partir do momento em que nós não nos preocupamos mais com a opinião alheia, que nós nos valorizamos, tudo fica mais fácil, nós conseguimos ter uma vida mais leve e tranquila, o que é muito importante, ainda mais na atualidade, em que há uma imposição para que tudo seja perfeito e esteja conforme determinado padrão. Não temos de ser padrão de nada! Temos de desapegar dessa questão do padrão. Penso que o único paradigma, o único padrão que temos de preservar conosco são os nossos valores, o que herdamos da nossa criação, a simplicidade, a verdade, a nossa integridade, a nossa história.

Isso me faz lembrar de algo sobre o qual eu estava falando outro dia: a expectativa criada, lançada ao e pelo próximo. E o que isso gera? Uma preocupação exacerbada sobre o que as pessoas vão ou não vão achar. Os prejulgamentos... Precisamos tomar cuidado com isso e com as expectativas, pois elas são sempre um risco.

Eu acredito que, como somos seres únicos, precisamos fazer o que acreditamos, sem esperar do outro algo em troca ou ainda projetar algo que nós faríamos se fôssemos a pessoa porque, muitas vezes, ela não tem para lhe oferecer o mesmo que você tem ou o que você gostaria que ela oferecesse. Ou pode acontecer de "cair a ficha" depois para a pessoa, ou seja, de ela não perceber o que foi feito, ofertado para ela em determinado momento. Daí a necessidade de tomarmos cuidado com as expectativas.

Isso pode ocorrer inclusive nas mudanças de olhar que eu comentei. Talvez a minha história, o meu modo de agir, a minha percepção dela e como eu me vejo uma mulher negra não reverbere em outra mulher, mas que, num segundo momento, pode trazer à tona algo que contribua para mudar e/ou enriquecer a sua perspectiva – como pequenas sementes que deixamos pelo caminho, que podem ou não germinar... E se não germinarem, está tudo bem!

Cada pessoa com a sua escolha e com o seu tempo de entendimento, de percepção e de contrapontos, que são enriquecedores. Esse é o caminho, e o **Clube** leva muito isso para as Alices, ou seja, o lado humano do indivíduo e das relações, pois somos seres que estamos e agimos em relação. Essas trocas, as conexões propiciadas pela comunidade são incríveis em tudo que nos proporcionam e nos enriquecem; coisas boas umas das outras que levamos conosco e que somam na nossa história individual, que é escrita coletivamente, e que nos tocam, emocionam verdadeiramente.

E por falar nisso... Eu me lembro da história de uma menina surda que participou de uma das nossas lives, na qual tivemos a participação de crianças, e que nos mostrou não só a necessidade, mas o valor de disponibilizarmos legendas durante a live. Ela nos contou a sua história e explicou o quanto ela tem vontade de acompanhar publicações e conteúdos expressos pela oralidade, mas que não tem acesso por não ouvir. Eu fiquei pensando em como aquela criança se sentia com isso, com essa falta, pois toda criança é curiosa, no sentido de querer entender o mundo e buscar coisas novas.

Parece tão óbvio e simples o que ela pediu – uma simples legenda na live. Isso só parece simples se pensarmos na lógica. Eu me lembro, Mônica, que ficamos com aquela cara de quem diz: "Como não pensamos nisso?". E tudo só ganha outros contornos e se torna mais significativo quando nos aproximamos do outro, da sua história, dos seus sentimentos e das suas necessidades, pois, assim, entendemos que (como nesse caso) um recurso simples (que pode até nos passar despercebido) pode ter uma grande importância para o outro e nos aproximar efetiva, verdadeira e calorosamente dele. Entender isso a partir do pedido dela e olhar para ela e para a sua história me emocionou e ainda me emociona muito.

Dessa história me vem, quando lembro dela, o quanto nós olhamos apenas para o nosso eu, para o nosso umbigo e não nos abrimos para perceber realmente a outra pessoa. Eu me lembro também de quando fui ao Erastinho com você, Mônica, e das muitas histórias que mexeram e ainda mexem conosco. Eu acho muito bom, muito importante sermos impactadas pelas histórias dessas crianças, que nos fazem, entre outras coisas, valorizar o que temos, não importa se o que temos é muito ou pouco, e a saúde de que desfrutamos, algo tão essencial para nós, cuja importância, muitas vezes, não reconhecemos.

E por falar em histórias que entram na nossa história individual e fazem parte dela... Eu acho muito importante a iniciativa da publicação deste livro, que conta a história do **Clube da Alice**, a qual se liga à sua, Mônica, à minha e à história de cada Alice e das pessoas que, de alguma forma, recebem e se envolvem com as ações, as interações e os projetos da comunidade.

O livro propiciará que mais pessoas conheçam melhor toda essa "colcha" de histórias, ou, ainda, que a conheçam por meio de suas páginas, pois muitas pessoas ainda não têm acesso às redes sociais, o que as impede de estarem mais presentes nesse entrelugar que é a comunidade, de saberem mais sobre um universo de temas, movimentos, projetos, relações e ações.

Eu fico imaginando também na emoção de cada leitora e leitor (pois os homens morrem de curiosidade sobre o **Clube**) em conhecer (melhor) a história da comunidade, das Alices que a integram e de todos que colaboraram e colaboram com o **Clube da Alice**. Além disso, a sua leitura é uma forma de mais pessoas terem contato com esse *case* exemplar que é a comunidade, no que diz respeito a empreendedorismo, protagonismo, sororidade, empoderamento, conectividade, reciprocidade etc.

E para terminar o meu relato, eu quero dizer, Mônica, que fico muito feliz de fazer parte desse todo que é o **Clube da Alice**, das nossas diversas parcerias e de ser um elo dessa conexão maravilhosa que todas nós que fazemos parte dessa comunidade temos a oportunidade de ser! Gratidão!

Nossa, Tati! Pelo seu relato, pude me lembrar de cada um dos momentos e das realizações que você traz – como as nossas lives, realizadas em um momento tão inesperado e difícil para todos nós, para o mundo, para o qual buscamos levar acolhimento, esperança e abrir possibilidades de novos caminhos, seja no empreendedorismo feminino, seja nessa questão que você expressou bem, da história e da identidade de cada uma de nós e de como podemos nos permitir ser quem somos, quem queremos ser: seres em constante mudança, exercendo nossa liberdade para isso.

É algo valoroso poder levar isso para as meninas, por meio da sua história e da sua perspectiva dela, dos valores que você recebeu da sua família – em especial do seu pai, como você ressalta em seu relato várias vezes e nas conversas que já trocamos – e da sua intenção e atitude em compartilhar conosco esse "legado" (palavra valiosa essa).

Penso que você contempla o todo do ser humano em sua forma de olhar, de agir e de transmitir a sua história. Nesse todo está o universo feminino, no qual estamos imersas e com o qual interagimos e procuramos contribuir em nossas conexões com as mulheres da comunidade e com as que de nós se aproximam, seja na rádio ou em nossas lives.

É muito importante e positiva a sua forma de contemplar, expressar e se posicionar sobre a questão do preconceito, da representatividade da pessoa negra, de nos permitirmos ser quem somos e de sermos conscientes de que podemos nos permitir mudanças, sejam elas de qualquer magnitude: interior, social, relacional ou física (aceitar-se como é e permitir-se ser diferente em determinado momento).

Ah! Adorei lembrar alguns dos nossos perrengues enquanto você narrava sobre o que ocorreu na nossa live. Sempre com emoção! Até nos perrengues. A gratidão também é minha, Tati.

E por falar em legado... convido, você, Claudia Silvano, que tem nos presenteado com o seu legado de generosidade, respeito, retidão, reciprocidade e leveza na forma como você atua no Procon-PR, no **Clube da Alice** e em sua vida. Então, eu a convido para nos trazer um pouco da sua história pessoal e na comunidade.

Entre espaços de generosidade e atuação generosa e salutar

Claudia Silvano

Muito bom estar aqui também. Digo "também" porque eu faço parte do **Clube da Alice**! Para começar, quero dizer que eu o acho uma ideia sensacional! Eu gosto muito dessa ideia de redes. Rede do bem... O **Clube** é uma rede do bem! E, de forma fácil, pessoas que possivelmente não teriam acesso a uma maneira de exposição dos seus produtos e do seu trabalho, encontram no **Clube da Alice** essa possibilidade. Assim, eu entendo que ele é, sobretudo, um espaço de generosidade.

É uma ideia bacana e eu acho que você, Mônica, é a cara da comunidade. Você é a Alice, na verdade. Eu acho isso muito legal. Eu não consigo desvincular a figura da Alice da sua figura, Mônica. Você é uma pessoa muito acessível e generosa e eu penso que a sua generosidade fez com que esse espaço acontecesse da forma como é, que leva as pessoas a oferecerem o seu trabalho em uma escala tão grandiosa que, se não fosse o **Clube da Alice,** não teriam condições de fazê-lo. Então, eu acho muito legal.

Quanto ao meu olhar relacionado ao Procon-PR, eu sei, Mônica, que você tem uma preocupação bem importante e positiva, inclusive você já a externou para mim várias vezes, por seu cuidado em aprender sobre como proceder em relação a determinada situação, e isso é ótimo. É claro que as empreendedoras que estão no **Clube da Alice** também se submetem ao Código do Consumidor e, na medida do possível, você sempre traz as dúvidas que as Alices *têm* sobre como elas devem proceder em relação ao seu comportamento no mercado, que tipo de informação dar ao consumidor, quais são os direitos do consumidor, o que pode ou não pode etc. Eu penso que isso é salutar porque, naquele ambiente, naquela rede, naquela corrente do bem que é a comunidade, as pessoas também estão preocupadas em respeitar o consumidor e não apenas em oferecer seus produtos e serviços.

Esse seu cuidado, Mônica, não é de hoje, pois faz alguns anos que temos contato. Acredito que uns dois ou três. Não consigo precisar esse tempo, mas calculo que seja em torno disso. Eu sempre vejo em você essa preocupação em orientar as Alices sobre como se comportarem dependendo de cada situação.

O nosso papel enquanto órgão de defesa do consumidor é – deveria ser, na verdade – mais do que defender o consumidor que já foi lesado, *é* orientar como o mercado deve se comportar, tanto o consumidor quanto o fornecedor. Isso porque, quanto mais bem orientados estão os atores dessa relação, ou seja, o consumidor e o fornecedor, mais saudáveis são as relações de consumo. Não importa se é para a venda de bolo ou a venda de um avião, pois todos se submetem ao Código do Consumidor.

Eu vejo esse cuidado não só no **Clube da Alice**, mas em outros fornecedores que também nos procuram para entender como as coisas funcionam. Isso é muito saudável. E, no ambiente do **Clube**, eu vejo como mais importante ainda nós orientarmos as pessoas que não teriam como saber se comportar, por conta da sua fragilidade, por conta de sua vulnerabilidade, porque é um tipo de empreendedora que também é vulnerável. Isso porque é diferente eu comparar uma mulher que faz doces e os vende por meio do **Clube da Alice** com uma panificadora – são graus diferentes de fragilidade.

Esse é uma característica do olhar do Procon-PR, do meu olhar e do seu, Mônica. Acredito que estes são elementos que compõem a nossa credibilidade: ter esse olhar, esse cuidado e ficar à disposição para orientação antes mesmo de ocorrerem os problemas. Isso porque esse é o papel do Procon-PR e é uma preocupação do **Clube**, ou seja, a nossa intenção e o nosso trabalho voltam-se para que as pessoas saibam muito mais sobre como é a relação de consumo. Eu não tenho dúvidas de que o nosso trabalho conjunto, Mônica, ajudou e muito as empreendedoras da comunidade. Eu me lembro de alguns programas dos quais participei com você, em que as Alices traziam suas dúvidas e nós esclarecíamos, ou seja, o aprendizado estava sendo proporcionado.

Eu tenho uma visão de que a prevenção é o melhor negócio, porque não podemos deixar a bomba estourar para depois correr atrás. Assim, qualquer relação que envolva pessoas tem dor. Quando nós nos informamos e buscamos saber quais os nossos direitos e deveres, acabamos minimizando essas dores. Elas vão ocorrer, mas podem vir em uma intensidade menor, de modo que não machuquem muito todos os envolvidos. Portanto, eu acho muito benéfico, muito positivo esse movimento de procurar orientações, de procurar o Procon-PR para verificar que medida tomar, qual o procedimento correto. Isso é bom para todo mundo. Como eu disse, problemas sempre irão existir, o que temos de fazer é escolher a melhor forma de resolvê-los.

Outra coisa que eu quero compartilhar é a minha percepção de que a comunidade tem um valor por si só, independentemente de qualquer coisa, mas, nesse contexto de pandemia, esse valor é quadriplicado, quintuplicado. Isso por conta da impossibilidade de as pessoas poderem trabalhar minimamente já em tempos normais; em uma pandemia, então, isso se potencializa. Então, vejo que o **Clube da Alice** se tornou especialmente importante nesse momento. Como ele tem regras que as Alices têm de seguir (o que é um fator muito legal), você não cria um ambiente onde qualquer coisa é possível, pois há regras e elas precisam ser observadas. Para quem não as cumpre, são aplicadas algumas medidas, penalidades, e isso faz parte da convivência em sociedade. Nós temos de nos comportar adequadamente nos vários ambientes em que transitamos. Então, é muito positiva essa sistemática, essa forma de funcionamento do **Clube**.

Mônica, há um outro ponto que ambas compartilhamos e que nos leva a pensar, atuar e orientar as Alices de forma bastante coesa e coerente, que é o entendimento de que todas as reclamações, dúvidas e todos os problemas que chegam a nós são sempre relevantes. Essa é minha premissa de vida. Eu vejo que você também compreende dessa maneira. Pude perceber isso pelas questões sobre as quais já conversamos, tratamos juntas. Ora, eu nunca a vi desqualificar qualquer reclamação de ninguém e eu acho isso muito benéfico para a comunidade e para as relações de consumo.

Eu sou bem assim. Por exemplo, quando um consumidor faz algo que, talvez, alguém poderia questionar: "Como ele pôde fazer um negócio desses?", eu sempre procuro me colocar no lugar dessa pessoa. Com empatia, procuro entender o porquê de a pessoa ter feito tal coisa e de tal maneira. Costumamos ouvir conjecturas do tipo: "Ah, ela poderia ter agido diferente e não ter caído em um golpe, não ter acreditado em uma ligação". Contudo, eu não acho que esse seja o caminho para buscar a solução, para ajudar a pessoa com o problema. Isso eu tenho comigo não só na minha atuação no Procon-PR, mas na minha forma de ver a vida.

Com relação a isso, Mônica, eu sempre vi você tratar as questões de maneira muito respeitosa, nunca desqualificando a reclamação. Quando você comenta algo comigo, eu sempre noto que vem a dúvida (é assim? É assado?), mas não a minimização ou a desqualificação do que estamos analisando. Isso é muito bom!

Não só de dúvidas e orientações é feita a nossa história, a nossa parceria, Mônica, mas de momentos engraçados também. Eu me lembro de um deles, você vai se lembrar também: foi no dia em que fizemos um evento no **Clube da Alice** e a minha noiva, Dani, estava junto, como está nesse momento. Ela se sentou em uma cadeira, e a cadeira quebrou, mas a Dani foi superesperta e improvisou, brincou dizendo que estava tudo combinado e tal. Ou seja, essa era uma situação que poderia ter gerado algum desconforto, mas isso não ocorreu, pois todo mundo riu, é óbvio. Quando alguém quase cai de uma cadeira, é possível que a situação se transforme em um climão, mas isso não ocorreu no **Clube**, ficou tudo ok. Houve um improviso de fala e deu tudo certo. Olha a Dani dizendo, aqui, que ela estava acabando com o patrimônio do **Clube da Alice**. É claro que esse perrengue tinha de fazer parte do livro!

Livro esse que eu vejo como uma iniciativa muito legal, pois as pessoas poderão conhecer a história do **Clube da Alice** e realmente entendê-lo, enxergá-lo. Aliás, eu quero contar um pouquinho mais sobre como eu o enxergo. Eu vejo esses movimentos em que as pessoas se unem por uma mesma razão como algo bastante produtivo, positivo. No caso do **Clube**, é uma comunidade voltada para o empreendedorismo feminino, que dá força para a mulherada, uma comunidade que acredita nelas e as faz acreditar nelas mesmas. Ora, as mulheres são boas para vender, empreender e elas têm talento, mas é bem possível que muitas não tivessem oportunidade se não estivessem na comunidade. Então, para mim, a grande questão do **Clube da Alice** é a oportunidade.

No momento da pandemia... Veja, de novo... esses movimentos são importantes em qualquer momento, mas em momentos tão drásticos, tão problemáticos como esses dois anos de pandemia, a existência de um espaço como esse foi fundamental, e desejo honestamente que a comunidade cresça cada vez mais. Desde o seu início ela cresce, cresce, cresce...

Eu desejo que o **Clube** tome conta do mundo! Nós precisamos de locais assim, de espaços assim, onde as pessoas exerçam o talento que, muitas vezes, nem elas sabem que têm. Nossa, *é* maravilhoso! Uma mulher que empreende fazendo calcinhas, por exemplo: ela tem sua máquina de costura em casa, começa a fazer máscara e a produzir calcinhas... Daqui a pouco, ela tem uma confecção, e logo várias coisas começam a se desenvolver no empreendimento dessa mulher. Eu pergunto: como ela iria expor o seu produto se não fosse pelo **Clube da Alice**? O **Clube** é extremamente relevante!

A relevância da comunidade se tornou ainda maior durante a pandemia. Porque ela não teve de fechar nenhuma porta. Ao contrário, as portas se ampliaram, porque as pessoas precisavam acessar produtos e serviços de outra forma, a qual o **Clube da Alice** possibilita. Além disso tudo, ou com isso tudo, a comunidade encorajou muitas dessas mulheres a empreender, a confiar nelas e em suas potencialidades, pois elas tinham um horizonte aberto para elas ali. E o legal também é que quem quer algo busca o **Clube**. Por exemplo, o sócio da Dani, que não mora aqui em Curitiba, mas a uns 500 km daqui, encomendou o *coffee* para um evento por meio do **Clube**. No dia do evento, o *coffee* estava lá, certinho e no horário. Imagine se ele tivesse de ficar indo de panificadora em panificadora, de confeitaria em confeitaria, para comprar essas coisas?

Voltando ao livro, eu acho que os livros acabam eternizando as histórias, e uma história como a do **Clube da Alice** merece ser eternizada, contada e lida por pessoas que também queiram seguir esse caminho, porque eu acho que a comunidade pode servir de modelo para milhões de outras possibilidades, de espaços onde as pessoas possam conversar, trocar ideias, pedir indicações... Eu mesma, certa vez, pedi indicação de um serralheiro no **Clube** e, depois de cinco minutos, mais ou menos, recebi umas 300 respostas. Eu acho que é isso, Mônica. Colocar tudo isso no livro é oportunizar que as pessoas conheçam a história do **Clube**: como e onde começou, qual foi a ideia, por que Alice... Sabe? Isso tudo tem de ser contado. E quando você coloca isso em um livro, você eterniza essa história, que poderá ser lida por gerações.

Eu preciso registrar também, Mônica, que eu gosto muito de você, sou muito fã sua, independentemente de qualquer coisa. Você é uma pessoa admirável – pela persistência, pela ideia, pelo cuidado com que você trata o **Clube da Alice**... Eu acho que isso é muito legal, muito legal mesmo, na medida em que você possibilita que as pessoas possam realizar! Todo mundo pode! E a própria pessoa pode chegar ali e pensar: "Será que eu posso vender as minhas coisas, o meu trabalho aqui também?". Não há barreiras. Esse trabalho tem muito a ver com subsistência e, hoje, mais do que nunca, é preciso oportunizá-la a todos.

Nesses tempos horrorosos, sombrios e tristes que estamos vivendo, poder contar com uma possibilidade é um alento e um incentivo. Um espaço como esse é um lugar ao sol! Até porque nem todas as pessoas têm as mesmas oportunidades, a vida é injusta, e o **Clube** é uma grande mão que se estende para quem precisa. As pessoas podem usar esse espaço para vender "sua arte", seja ela qual for! O **Clube** é democrático!

Cláudia, a recíproca é verdadeira quanto a reconhecer generosidade e portas que se abrem e que se ampliam e nos ampliam, pois eu vejo isso e muito mais na pessoa e na profissional que você é como um todo e à frente do Procon-PR. Aliás, esse instituto é você, pois não há como não ligá-lo a você, que levou para ele, assim como para o **Clube**, a sua forma de ver o mundo e a sua atitude como pessoa e jurista, tanto em suas orientações quanto em suas valiosas, empáticas e acolhedoras participações nos eventos do **Clube da Alice**. Isso é tão verdade que o incidente entre a cadeira e a Dani se transformou em um momento de leveza e de graça, características que a acompanham junto a uma infinidade de outras tão admiráveis quanto.

Sou muito grata pelo seu relato e por toda a verdade e pelos sentimentos que existem nele, Claudia. Saiba que eles são mútuos. Que bom tê-la na minha história e na do **Clube da Alice**, assim como na trajetória de cada Alice que, com certeza, aprendeu e tem aprendido muito com você sobre como desenvolver uma relação de consumo respeitosa entre ambas as partes, o que faz com que sejam realizadas conexões muito bacanas, como você bem diz, e positivas. Gratidão sempre e por tanto, por tudo!

São tantos os sentimentos que povoam as nossas histórias, não é? E não seria diferente com a sua e com a nossa história em comum, Michele! Eles também estão muito presentes na trajetória dessa mulher vigorosa, forte e sensível, que é você, Michele Mara, que nos presenteia com a potência e a beleza de sua voz, do seu coração, de suas ações, da pessoa que é e do que tem compartilhado com outras pessoas mundo afora e no **Clube da Alice**. Então, eu a convido a compartilhar essa história que é sua e que é nossa.

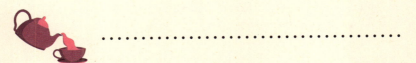

Entre melodias, ritmos e intensidades em suas buscas

Michele Mara

Muito bom poder compartilhar um pouco da minha história e no que ela converge para o **Clube da Alice**. Agradeço o convite. Sem dúvida,

Mônica, os sentimentos – bons e múltiplos – estão muito presentes em nossas histórias: na minha, na sua, na nossa, na história da comunidade e de todas nós, Alices.

Eu afirmo isso porque percebo o **Clube** como um lugar bastante importante no que diz respeito a dar voz a muitas pessoas, como deu a mim, uma mulher preta, empreendedora e artista. Assim como cada uma de nós da comunidade nos transformamos, o **Clube** também se modificou. Ele começou de um jeito e com um objetivo muito claro e, ao longo do tempo, se adequou às demandas das mulheres.

Uma dessas demandas é a racial, que ficou muito em evidência principalmente nos últimos anos no mundo. Consequentemente, dentro do **Clube da Alice**, começamos a observar o quanto mulheres pretas eram invisibilizadas. Eu me lembro, Mônica, da primeira vez que eu chamei a sua atenção para esse fato e que você foi muito empática (como sempre), dando os seus ouvidos e os seus olhos com muito carinho, empatia e respeito para o que eu falava. Isso aconteceu quando surgiu algo maravilhoso, entre as mil e uma coisas maravilhosas que vocês inventam no **Clube**, que foi o blog semanal.

Nele, eram disponibilizadas ótimas matérias sobre vários assuntos. Eu lembro que havia uma especialista em cabelo e maquiagem que fazia uma das matérias, e as demais também eram ótimas. Aliás, assim era tudo que era publicado no blog. As dicas eram incríveis! Porém, não eram publicadas matérias e dicas propriamente para o cabelo crespo, sendo que, dentro do **Clube da Alice**, havia e há muitas mulheres negras, as afroempreendedoras, como eu as chamo. Percebi que as matérias não apresentavam um direcionamento também para nós, pois elas abordavam temas de modo geral. Por exemplo, falava-se de cabelo liso, eram dadas dicas de maquiagem para pele branca etc. Foi aí que eu chamei a sua atenção para essa questão. Lembra-se, Mônica?

Na hora, você se surpreendeu e já propôs que eu escrevesse sobre isso para ser publicado no blog. E lá fui eu! Logo começaram a ser sugeridos temas, como o jeito que eu cuidava do meu cabelo, que é um cabelo crespo 4C e que exige vários cuidados, mas que é um cabelo como qualquer outro, não é? Ele só tem as suas especificidades como qualquer cabelo, aliás. Essa oportunidade foi muito legal!

A partir daí, começamos a promover mais ações no **Clube da Alice**, e isso foi possível, Mônica, por você ser uma pessoa antirracista, assim como há muitas mulheres antirracistas na comunidade; e também por termos trocado tantas coisas boas em nossas conversas – você começou a prestar mais atenção nisso dentro do **Clube**, de modo a fomentar mais ações e conteúdos a respeito dessa questão. Consequentemente, outras mulheres pretas começaram a falar no grupo sobre serem vítimas de racismo, dentro e fora do **Clube**, por clientes. Foi assim que todo o movimento antirracista foi ganhando corpo e força dentro do **Clube da Alice**.

Então eu, você, e outras mulheres maravilhosas, incríveis, começamos a pensar nessas mulheres empreendedoras, e assim nasceu o MovimentAlice – de uma de nossas conversas, na qual eu sugeri o nome para o programa. Nós o concebemos como um programa de TV, que foi apresentado por nós – eu, você, a Juliana Karam e a Betina Kleiner Qamar – e em que abordávamos essa temática, trazíamos denúncias, explicávamos o que era racismo e preconceito, falávamos sobre a Marcha do Orgulho Gay em Curitiba etc.

Nem preciso dizer, Mônica, que essas nossas realizações têm muito a ver comigo, pois eu digo que sou uma mulher do movimento porque eu sou uma mulher preta em movimento e, quando nós mulheres nos juntamos, nós nos movimentamos juntas, caminhamos juntas e fazemos esse movimento antirracista acontecer. Então, foi muito legal o que realizamos!

Por esse caminho, acompanhamos e incentivamos a atuação das afroempreendedoras do **Clube da Alice**, cujos negócios se voltam para o afro, como os cuidados do cabelo afro, tranças, calçados, roupas, bijuterias, bonecas, decoração, alimentação, entre outros. No mundo todo está ocorrendo esse movimento de fortalecimento de empreendedores pretos, e nós já fazemos parte dele há algum tempo. Esse movimento contempla e acolhe todo e qualquer afroempreendedor(a), independentemente do produto ou serviço por ele(a) ofertado, e isso o **Clube** já promove.

Várias afroempreendedoras estiveram no MovimentAlice, trazendo a diversidade em seus empreendimentos e expressando a essência e o propósito de suas respectivas atuações. Eu me lembro do programa que realizamos no Dia da Criança, em que as filhas da Betina e da Juliana participaram e expuseram o que é o racismo, o que elas pensavam sobre ele, como elas poderiam ajudar para que ele não se perpetuasse, como denunciar o racismo etc. Foi muito bonito testemunhar o olhar delas sobre a questão.

Nesse programa ficou muito explícita a importância de ensinarmos às crianças o que é o racismo e suas consequências, pois ele é aprendido em casa. Ninguém nasce racista, a pessoa se torna racista. Então, é essencial que a criança tenha uma educação antirracista em casa de modo a aprender valores, como os da igualdade, da empatia, do respeito e do respeito às diferenças, que se fundamentam no entendimento de que somos todos iguais, mas diferentes – ou seja, somos iguais em nossa humanidade, mas somos diferentes por termos características distintas. Isso não faz uma pessoa melhor do que a outra; o contrário disso é o que o racismo expressa, ou seja, que uma pessoa é melhor do que a outra por causa da cor da pele, do cabelo, ou de outros tantos preconceitos que são praticados socialmente por causa da classe social, da profissão, da identidade de gênero... Enfim, é isso.

É essa condução de igualdade que eu vejo no **Clube da Alice**, e eu adoro essa comunidade, porque todos fazem parte desse lugar, um entrelugar. Eu sou uma afroempreendedora que faz parte dessa comunidade. Aprendi e aprendo sempre no **Clube**, tenho muitas ideias também em relação ao meu produto, que comecei aí em Curitiba e que continuo produzindo aqui em Portugal. Aqui, Mônica, eu criei a Feira Afroempreendedora, que eu já fazia em Curitiba, e as pessoas daqui também têm gostado.

Nesse sentido, conhecer e poder estar na comunidade me proporcionou aprendizados, ou seja, eu aprendi a fazer, aprendi a empreender. Aqui, em Portugal, eu comecei a fazer tudo sozinha, ou seja, precisei criar tudo sozinha até fazer o meu empreendimento funcionar.

Veja, Mônica, como o **Clube** é incrível no apoio que dá às empreendedoras, em seu crescimento, nas orientações sobre como elas podem trabalhar e vender o seu produto, agradar o(a) cliente, compreender o mercado de modo geral e o marketing, o que é superimportante... Enfim, são tantas coisas! Eu acho superlegal! Para mim, Mônica, o **Clube da Alice** é a melhor comunidade do mundo, juro!

Não há como eu não sentir e reconhecer isso. Para você ter uma ideia do quanto isso é verdade para mim, ao criar a feira, eu me apoiei no que aprendi na comunidade e me inspirei muito no **Clube da Alice** para conceber a forma de trabalhar na feira, de expor os produtos e tudo mais. Aliás, não sou apenas eu que me inspiro nele, mas muitas Alices. Por exemplo, a loja colaborativa do **Clube** inspirou uma das afroempreendedoras, que é minha prima, a criar uma loja colaborativa, a Afro Mundo Mix, em Curitiba, que oferece apenas produtos de afroempreendedores. Dessa maneira, muitas das Alices afroempreendedoras têm seus produtos ofertados nessa loja colaborativa. Isso é muito legal, muito bacana!

Como você sabe, Mônica, esse tipo de dinâmica integrativa e solidária tem estado presente nas formas de construção do afroempreendedorismo, que também tem se relacionado com o movimento Black Money. Essa é uma expressão antiga nos Estados Unidos e que foi ressignificada no Brasil, por meio da ação de movimentos de luta afrodescendente, e passou a designar o dinheiro que circula entre as pessoas negras no mercado. Assim sendo, a economia étnica e, portanto, o empreendedorismo exercido por pessoas pretas, têm se materializado por meio do afroempreendedorismo e do movimento Black Money. Ou seja, no mundo todo está presente uma preocupação, um cuidado voltado para o fortalecimento de empreendedores(as) pretos(as). Tem sido gratificante poder trazer o que aprendi e ser uma afroempreendedora aqui em Portugal.

Ah! Mônica, não sei se você sabe que, agora, há três crianças aqui em casa: o Jamal, meu filho, e os dois irmãos dele que vieram da Nigéria para morar comigo e com meu marido aqui em Portugal – faz um ano. Então, eu sou mãe de três filhos agora. O meu marido é da Nigéria, na verdade ele tem dupla nacionalidade – ele é português e nígero-brasileiro. O Jamal é português e nígero-brasileiro. E por falar no Jamal, ele está me acompanhando. Estou aproveitando o silêncio da casa para conversarmos, Mônica.

Aqui, em Portugal, as crianças menores, com 3 anos, não vão para a creche. Não há creche para essa faixa-etária, então, o Jamal fica em casa comigo. Aqui, as crianças precisam ser aprovadas para ingressarem na escola. O Jamal é uma criança especial, ele tem autismo leve. Então, as escolas têm inclusão e tudo mais, mas, aqui, esse processo ainda é complicado.

O Jamal faz terapia da fala e terapia ocupacional sensorial voltada para a sensibilidade alimentar que ele tem. Quanto aos demais traços, são comuns aos de uma criança com autismo, como as birras, o nervosismo em lugares públicos... Nesse aspecto, eu percebo que, em Portugal, as pessoas ainda precisam de mais informações sobre o autismo, pois, em ocasiões em que o Jamal chorou em algum lugar público, as pessoas vinham perguntar o porquê de ele estar chorando ou diziam que era para ele parar de fazer birra, porque isso era feio. Então, eu tinha de dizer que ele é uma criança com autismo. Logo, eu ouvia: "Ah, coitadinho." Assim, Mônica. Autismo não é doença, mas uma condição da pessoa e ela pode, sim, viver muito bem com ela. Então, eu percebo a necessidade de os portugueses compreenderem melhor o que é o transtorno do espectro autista para saberem conviver e interagir com as pessoas com autismo e seus familiares.

Eu conheci uma garota, aqui, em Portugal. Ela tem 22 anos e é tatuadora. Eu só soube que ela tem autismo porque eu fiz uma postagem sobre o Jamal e ela me contou. Ela foi diagnosticada desde criança e, hoje, consegue lidar muito bem com a sua condição. É lógico que há coisas muito difíceis para ela, como estar no meio da multidão, mas isso não a impede de ir aos meus shows, que ela adora. Ela tira fotos, participa dos shows, mas ainda está aprendendo a lidar com isso. Ela é incrível, Mônica! Eu sou musicoterapeuta e acredito que toda pessoa com autismo pode, sim, ter uma vida incrível.

Eu me emociono falando disso, assim como quando me lembro de um gesto seu, Mônica, inesperado e muito humano em uma fase muito difícil da minha vida, que você sabe qual foi. Foi logo no começo da pandemia. Nós apresentávamos o MovimentAlice, e eu estava aqui em Portugal e você no Brasil, mas a sua mão amiga, humana e fraterna (que trazia também as da Juliana e da Betina) chegou até mim. Eu não me esqueço e nunca vou me esquecer disso. Eu amo você, Mônica.

Você é incrível! O nosso programa, você e as meninas me ajudaram muito, muito mesmo.

Isto foi e é muito bonito: a mão que nós vemos se estender entre as Alices. Essa mão, Mônica, chegou até mim de uma maneira especial, carinhosa e fortalecedora. Para mim, também chegou o amparo, o abraço, a sororidade, a conexão e a proximidade. E olha que a nossa amizade se desenvolveu mais no virtual, pois, em meio às nossas correrias, foram poucas as oportunidades em que nos encontramos pessoalmente, mas sempre estamos muito presentes na vida uma da outra. Então, essa ligação independe de onde estamos. A amizade existe e ponto! E ela nasceu por causa do **Clube da Alice**! Essa comunidade virtual transcende fronteiras, sejam elas quais forem, para estabelecer laços reais, verdadeiros e o sentimento de pertencimento em cada uma de nós.

Além disso – veja como a virtualidade não é um limitador –, temos muitos amigos em comum. Ah! Saiba que eu morro de ciúmes de você, Mônica, porque você é amiga do meu melhor amigo, o Zé Rodrigo. Eu dou muita risada disso, mas você sabe que eu sou ciumenta. Gratidão, Mônica, por mais esse momento com você e por eu poder contar um pouco da minha história, poder falar das coisas que acredito e pelas quais tenho guiado a minha jornada de vida e de afroempreendedora.

• •

Michele, esse sentimento de gratidão também está no meu coração, você sabe, e poder compartilhar com você tantos momentos, tantas realizações, tantos aprendizados e muitos sentimentos é um privilégio para mim.

Sobre as mãos que se estendem e se encontram, eu também as vejo muito presentes na comunidade e em nossa amizade, em nossa parceria verdadeira, Michele. As suas mãos também se estenderam para mim, para o que temos feito no **Clube** e para além dele. Basta olhar o que você tem desenvolvido no afroempreendedorismo, na sua vida artística e na sua vida pessoal, nos vários papéis que você desempenha como mulher e como mãe, que busca a igualdade de condições para o Jamal. Eu a admiro muito pela pessoa que você é e pela positividade, garra, humanidade e sensibilidade que lhe são características, Michele. Que bom que nossas mãos se encontraram e continuam juntas a semear coisas boas por aí e entre nós! Gratidão!

Essas mesmas mãos e esse sentimento de humanidade e de igualdade na diversidade, bastante presentes na sua e na minha história, Michele, estão presentes também na história de quem eu trago para compartilhar o seu relato, que é uma pessoa doce, serena, alegre e sensacional: o Wagner Stope. Ele, que faz parte do meu dia a dia no **Clube da Alice** e da minha vida.

Entre a arte e o olhar sobre a igualdade e a diversidade

Wagner Stope

Agradeço o convite, Mônica, e as palavras que o envolvem. Bem, Mônica, apesar de você me conhecer bem, eu vou me apresentar para que as pessoas, ao lerem o meu relato, possam saber um pouco melhor quem é esta pessoa que está compartilhando um bocadinho da sua história. Bem, eu sou daqui de Curitiba e meu pai era gerente de loja, então, eu morei em algumas outras cidades, como Florianópolis, Londrina e Maringá. Com 15 anos de idade, eu estava novamente aqui na cidade para seguir a vida.

Eu me entendi diferente por volta dos 6 ou 7 anos de idade. A minha mãe já tinha percebido que eu só brincava com meninas. Eu mantinha um distanciamento dos meninos, eles até proferiam xingamentos direcionados a mim – isso aconteceu nos anos de 1980 –, como "mariquinha" e coisas do tipo. À medida que eu amadurecia, fui entendendo que a minha sexualidade era diferente e tendo mais consciência da minha habilidade para o desenho, para a maquiagem e para o figurino.

O meu primeiro emprego, Mônica, quando eu tinha 17 anos, foi em uma loja que ficava no calçadão da rua XV. Eu trabalhava no estoque, pois eles precisavam de um menino para esse setor. Os demais, Mônica, eram ocupados só mulheres, que trabalhavam nas unidades da rede de lojas. Assim, somente no estoque é que empregavam rapazes, porque havia caixas para serem carregadas. Então, eu entrei na loja e fiz uma revolução no estoque, organizando-o por cor, tamanho e modelo. No primeiro mês, eu fui promovido a primeiro vendedor da rede. Sabe, Mônica, eu sempre tive essa abertura, esse entendimento e respeito das pessoas que me conhecem.

Desde que nos conhecemos, Mônica, também é assim, pois não é o fato de sermos diferentes (como todo ser humano é) que nos impede de convivermos e buscarmos as nossas trocas da melhor forma. E você me aceitou no **Clube da Alice** como moderador por conta de me conhecer, conhecer a minha família, por eu estar sempre envolvido no universo feminino e por você ter uma confiança extrema em mim, graças a Deus!

Nós já fizemos muita coisa bacana, não é, Mônica? E sempre foi muito legal! Sempre desenvolvemos coisas boas, interessantes, bonitas. Eu a acompanho e aos seus projetos desde a revista, Mônica. Lá no *Palpite de Alice*, eu fazia editorial, produção da capa etc. A partir dela, tudo foi se transformando, evoluindo, até chegar o **Clube da Alice**.

É muito bom lembrar que eu a acompanho desde antes da criação da comunidade. Acompanhei você em suas ideias, unindo-me a você em busca da realização do **Clube**... Então, chegou o Felipe Guerra e outras pessoas e você evoluiu na articulação da comunidade. E eu fui entendendo o que você gostaria de fazer. Eu não tinha acesso à documentação nem nada assim, mas você compartilhava suas ideias comigo quando nos encontrávamos para que eu a produzisse e na época em que você e algumas amigas é quem faziam a moderação do **Clube**. Para mim, foi muito bom fazer parte, de alguma forma, disso tudo.

Você, Mônica, tem muito de ouvir, de respeitar todas as vozes e de apoiar as pessoas; comigo não foi diferente, porque eu entrei na moderação da comunidade após ter lhe feito um apelo logo que começou a pandemia de covid-19. Eu estava sem trabalho algum e em uma situação bem difícil, e lembro que lhe falei: "Amiga, desculpe-me, mas teria algo para eu fazer para você? Eu estou precisando muito trabalhar". Eu estava em uma situação dificílima. Você me respondeu que iria conseguir algo para mim, me levou para o **Clube da Alice** e me treinou. E foi assim que eu tive a oportunidade de adentrar a comunidade.

Eu lembro que também lhe falei que seria interessante ter alguém como eu na comunidade, porque existem Alices trans e que estão empreendendo no **Clube da Alice**. Além disso, por eu ser trans, eu me movimento e compreendo bem essa questão das identidades.

É preciso que entendamos que as Alices trans que estão no **Clube** vivem como mulheres, por isso elas são aceitas na comunidade, seja como empreendedoras, seja como membros participantes, pois o Clube é voltado para mulheres. No meu caso, eu não sou uma figura feminina, eu sou uma figura artística, drag queen – não é, Mônica? E a minha atuação como moderador tem a ver com a minha proximidade com o universo feminino também. Esse universo artístico drag queen tem contribuído bastante com o **Clube da Alice**, talvez até indiretamente – no caso, nos bastidores.

Vou explicar melhor... Eu faço a produção quando tem algum personagem, e eu mesmo já participei de ações para o **Clube da Alice** produzido de Alice e de Chapeleiro Maluco, em ocasiões distintas. Quando há algum evento de musical, as roupas, o cabelo e a maquiagem são todos desenvolvidos por mim. Então, eu acredito que seria bom termos essa abertura das drag queens em eventos do **Clube da Alice**, e que esse seja um perfil pesquisado, que transmita credibilidade, que esteja no DNA do **Clube**.

E por falar em trabalho... voltando a contar um pouco mais sobre a minha história profissional, aos 18 anos comecei a me dedicar à produção drag queen. Trabalhei como drag queen por aproximadamente dez anos. Por volta de 2010, um produtor de moda viu o meu trabalho e elogiou o meu cabelo, a minha maquiagem e achou bacana a minha roupa. Então, ele me perguntou quem a fez. Respondi que eu mesmo fazia as minhas roupas. Ele me falou que era um produtor de moda e que precisava montar um editorial, e me perguntou se eu poderia ceder as minhas peças para ele produzir esse editorial e se eu poderia fazer a produção de beleza dos modelos. Eu achei a proposta interessante e a aceitei. Até porque eu sempre tive curiosidade em saber sobre esse mundo da moda e, quando me veio essa oportunidade do editorial, eu logo pensei que seria bacana e que eu tinha que conhecer! Então, na hora, a minha resposta para o produtor foi: "Sim, eu posso sim!".

Posteriormente, selecionamos o que ele gostaria de usar no rapaz e na moça, modelos do editorial, e fomos para essa produção, que era para uma revista de Londres, mas eu não sabia. A publicação desse material gerou um bochincho nas agências daqui e elas começaram a me procurar. Então, fui convidado para fazer pinturas corporais, porque eu tenho essa veia artística, e assim fui me encontrando – decidi me dedicar mais a caracterizações e a editoriais de moda e busquei isso para mim. Hoje, eu faço moda, publicidade, videoclipe... Tenho um portfólio bem bacana para apresentar e eu sou muito feliz por isso. Você sabe bem disso, Mônica.

Agora a minha drag queen tem voltado à tona porque, na pandemia, como eu fiquei zerado, eu comecei a fazer vídeos no TikTok e, com eles, começou a acontecer o retorno disso, sabe, Mônica. Inclusive eu fiz, para o Shopping Crystal, uma ação para o Dia das Mães em plena pandemia e que envolveu 30 mães em uma brincadeira de transformação; e, claro, a minha drag queen está sempre presente, pois eu coloco uma musiquinha, vou produzindo essas mães e termino drag cheia de penas. Isso reativou a minha personagem. Agora consigo conciliar as minhas atividades. Graças a Deus!

No **Clube da Alice**, como relatei, tenho tido a oportunidade de agregar essas facetas do meu trabalho, pois, na comunidade, eu não vejo preconceito, palavreado, que o denote ali. Na moderação, às vezes, há, por exemplo, alguém falando de governo, expondo opinião e, claro, recusamos a postagem automaticamente, mas mesmo interações desse tipo são bem poucas, porque o foco da comunidade é outro. Eu acho que, em 2023, poderia ter a minha Diandra lá no **Clube**, quem sabe para quem quiser animar uma festa?

Você, Mônica, já me convidou várias vezes para gravar algumas coisas, mas nunca dá certo em nossa agenda: você trabalha demais, eu quase demais. Ou seja, nós temos projetos e eu sei que você gosta muito e que irá abrir portas para muitas outras drag queens. Até porque Curitiba tem se movimentado no sentido de oportunizar espaços de atuação para as drag queens com suas personas artísticas, sua forma de expressão, seu posicionamento e sua elegância. Há muito a ser trabalhado nessa relação entre sociedade e drag queen, mas Curitiba tem demonstrado um bom movimento nesse sentido. Os bares e o seu público, por exemplo, passaram a ter uma outra forma de se relacionar com a drag queen. Eu também penso que, antes de tudo, é preciso que seja conquistado o respeito de todo mundo, e nós adquirimos isso dando o respeito também. É uma via de mão dupla, certo?

Hoje, os comportamentos e os entendimentos estão mudando. Ainda bem! As pessoas têm aceitado mais as pessoas trans. Até crianças, na escola, têm mais atenção. Então, tudo tem evoluído sim! Eu penso que tudo está caminhando para uma mudança de olhar e de compreensão, Mônica, para a questão da pessoa trans, da homossexualidade, da mulher, do racismo, do padrão físico etc. Em todas elas, é preciso que haja boa vontade, boa intenção e o cuidado de fazer acontecer da melhor forma possível. Isso tem muito a ver com a nossa relação durante esse longo período, Mônica, de trabalho, de projetos e de amizade. Temos muitas histórias legais que relembramos quando nos encontramos.

Uma delas, que seria o nosso perrengue chique, vamos dizer assim, foi quando produzimos a primeira capa da *Palpite de Alice*. Nós fizemos a produção em um apartamento ao lado de uma reforma. Então, nós pulávamos por cima de tijolo, de cimento, de todos aqueles cacarecos típicos de reforma e ficávamos brincando ali. Eu me lembro muito bem desse dia, nós ficávamos cantando funk um para o outro. E foi muito engraçada essa nossa aventura. O primeiro editorial ficou muito bonito e as pessoas viram o close e não viram o corre. Nesses últimos tempos não temos passado por perrengues, mas olha que, não sendo nada grave, tudo vira diversão conosco. Você tem bom humor, Mônica, e eu também. Não é à toa que somos amigos, entre tantas outras coisas em comum.

Bem, eu quero concluir o meu relato, Mônica, fechando a minha linha de pensamento sobre a questão LGBT e sobre a abertura do **Clube da Alice** para receber essa temática e essa realidade social: eu acho que está tudo muito bem conduzido, acolhido e respeitado, e que o **Clube** está fazendo um serviço para a nossa comunidade aceitando as mulheres trans, empreendedoras, que eu vejo serem muito bem recebidas na e pela comunidade. Inclusive eu indiquei, para aquele Desafio das Alices, uma amiga que vende lingeries, ela tem uma loja e é trans, e ela ficou muito emocionada com a repercussão.

É por isso tudo que eu acredito que o **Clube** está fazendo um grande serviço também para a nossa comunidade. Eu não tenho uma participação muito ativa nesse sentido, voltando um pouquinho ao que já mencionei aqui, porque a drag queen tem o seu lado masculino, então, eu acho que não convém estar ali no **Clube**, mas eu participo das ações e dos eventos. As drag queens estão sempre presentes e são bem recebidas. A minha expectativa é que isso só cresça e que as Alices abracem cada vez mais a comunidade LBGT.

Trazendo também a minha visão sem a perspectiva LGBT, eu avalio o **Clube da Alice** como muito importante para as mulheres se apoiarem, receberem ajuda e orientação e tudo mais que a comunidade proporciona. Eu acho que é assim que tem que ser, pois ali são milhares de membros que compartilham vários assuntos do empreendedorismo e do universo feminino. Tudo desse universo é interessante para mim também. Eu sempre fico atento ali, principalmente no que se refere à moda, fico sabendo o que elas estão usando e tudo mais. Então, eu também cresço com as meninas. Além de eu poder incentivar alguém: "Menina, vai lá vender as suas lingeries!".

O **Clube da Alice** é uma rede tão maravilhosa do bem e de empreendedorismo que eu gostaria que existisse uma nesses moldes também para os meus amigos drag queens. Quem sabe, não é? Ainda não existe uma comunidade virtual assim para nós. Podermos nos ajudar como as Alices fazem. Olha só que legal seria! Aliás, a nossa comunidade também tem muito o que aprender para podermos ajudar uns aos outros, assim como as mulheres estão fazendo. Então, eu vou esperar da minha comunidade essa evolução que o **Clube da Alice** traz para todas as mulheres. É a união que faz tudo acontecer.

Gratidão por mais este momento juntos, Mônica, por podermos relembrar a minha e a nossa história de muitas realizações e da nossa conexão que é envolvida por muito bem-querer, respeito e amizade.

Wagner, que delícia ouvir o seu relato, poder relembrar tantos momentos e tantas conquistas juntos e até mesmo as nossas risadas, que não foram poucas, nos vários trabalhos que realizamos juntos. Você é uma pessoa admirável, um artista ímpar e um amigo que levo no coração.

É sempre muito bom ouvir você falando da questão LGBT e de como ela está presente no **Clube**, da forma como a drag queen vem conquistando o seu espaço e o reconhecimento do seu trabalho artístico e de como a receptividade, o entendimento e o respeito da sociedade para a questão LGBT e para com a drag queen vêm sendo ampliados e positivos. Deve haver reciprocidade e respeito, como você e a Michele bem expressaram ao contarem suas respectivas histórias, que têm em comum o sentimento e a vivência do humano, da igualdade e da diversidade.

A gratidão é minha mais uma vez e por tudo, Wagner.

Com as palavras "humanidade" e "positividade" em foco, eu a convido, Geovana Conti, para compartilhar o seu relato, pois tem sido assim – muito humana, além de positiva – a sua trajetória pessoal, conosco, com a sua comunidade (para a qual você se mudou com sua família) e com muitas outras com as quais você cria laços de transformação social e individual, empreendedorismo, aprendizados, humanidade e muitas histórias inspiradoras.

Os laços sociais na comunidade e entre comunidades

Geovana Conti

Agradeço, Mônica, por me fazer esse convite para eu recontar a minha, a nossa história.

Assim como você, no **Clube da Alice**, eu também trabalhei por muitos anos numa comunidade. Pude viver esse senso de pertencimento, ver as pessoas se desenvolverem com ajuda de outros membros, coisas novas surgirem, por meio de experiências dentro da comunidade, e coisas maiores nascerem ali dentro.

A diferença, no meu caso, é que tudo se desenvolveu por meio de uma empresa, que, depois, tornou-se uma startup, ou seja, um negócio social. Nascemos ali na parte alta da Vila Torres, em Curitiba, onde eu morava com meu ex-esposo, nossas duas filhas e o Zuco, o cão vira-latas. O intuito sempre foi fomentar trabalho e renda para nossos vizinhos e amigos da região, e construir pontes entre quem precisava de emprego com as empresas que estavam no entorno e precisavam de colaboradores.

A Youngers nasceu com uma ideia na cabeça e um propósito nas mãos: acreditar na juventude! Um nome complicado para um negócio simples. Você já conhece bem a história e sabe que, na verdade, não nascemos na vila, mas nos mudamos para lá. Vim de uma família de classe média alta, tive acesso a uma educação de altíssima qualidade, vivenciei as artes e os esportes de forma intensa, o que me garantiu, na vida adulta, oportunidades de trabalho muito boas. Na época, em agosto de 2011, eu trabalhava em uma empresa internacional e falava inglês todos os dias; quando fui pensar em um nome para o meu negócio, só vieram nomes em inglês!

Quando me casei com Cleber, em janeiro de 2002, eu sabia que uma grande aventura estaria à minha frente. E foi dele, o líder de um projeto social esportivo na Vila Torres, a ideia de nos mudarmos para lá a fim de vivenciarmos melhor a comunidade e entendermos de verdade suas dores.

É, Mônica, acho que nesse ponto sou mais privilegiada que você, eu pude me mudar efetivamente para a comunidade e habitar nela! Uma experiência de fato transformadora. Por sete anos, nós percebemos que, apesar de nossa profunda intenção de ajudar e fazer o bem, estávamos errando muito com nossas ações. Pelo simples fato de que, antes, olhávamos de fora e tentávamos, a partir desse lugar externo, trazer soluções para os de dentro. Não teríamos sido tão efetivos sem essa mudança de vida, de casa, de rotina, de cenário, de amigos, de vizinhos e, principalmente, de perspectiva.

Sei que, no **Clube da Alice**, sua maneira de mergulhar na realidade da comunidade é interagir intensa e constantemente com suas Alices. E eu, que já estive ao seu lado em vários eventos, vejo o brilho nos seus olhos quando você está no meio delas. "Brilho nos olhos" é o que ouço quando apresento nosso trabalho com a Youngers. Esse tal brilho que eu sinto é o saber pela vivência, a experiência tácita, o profundo entendimento de que sei o que estou vivendo, sei o que estou sentindo e é real.

A primeira coisa que fizemos com a Youngers foi preparar pessoas para o mercado de trabalho. Deu certo por um tempo. Nós as ensinávamos a fazer currículos, passar em entrevistas e até buscar vagas mais adequadas aos seus perfis. Como tínhamos sempre rodas de conversa sobre trabalho e renda, nossos candidatos, de maneira geral, estavam sempre mais dispostos a trabalhar, enfrentar rotinas, construir. Eles eram muito elogiados pelas empresas contratantes. Sendo a Youngers uma empresa, um negócio e não uma ONG (organização não governamental), todo o nosso trabalho sempre foi remunerado. Nessa época, éramos o Social RH. As empresas nos pagavam para que mandássemos três candidatos para cada vaga.

Porém, com a crise brasileira em efeito dominó, tanto as vagas foram diminuindo quanto aumentando as necessidades do povo à nossa volta. Os salários muito baixos por longas jornadas de trabalho, a pouca chance de crescimento e o baixo nível de escolaridade levavam à oferta de vagas que já não davam mais para pagar os boletos do mês. Foi aí que, mais uma vez, ouvindo nossos amigos, vizinhos e beneficiários de maneira geral, entendemos que havia outra forma de gerar renda, que não era com a carteira assinada, mas empreendendo.

Mônica, que virada! Aquilo trouxe não só para a Youngers, mas também para nossa equipe e para a turma da comunidade aquele ar de esperança que faz a gente sair da cama de manhã para trabalhar. Montaríamos uma escola de empreendedorismo. Nós nem imaginávamos o trabalho que teríamos: traduzir os conceitos de negócios para que todos pudessem aprender, convencer as pessoas, de maneira geral, que empreender é, sim, uma solução e principalmente continuar vendendo nossos serviços para clientes que, dessa vez, não iriam contratar as pessoas no final do processo, mas iriam gerar impacto social.

As primeiras turmas, inclusive em parceria com o Centro de Referência em Assistência Social da Prefeitura (CRAS), com as ONGs do território e com as lideranças locais, trouxeram gente de todos os cantos da vila para aprender a estruturar um negócio. Eles poderiam já estar vendendo algo ou não. Durante semanas de conversas, dinâmicas, exercícios, palestras com convidados e muitas trocas e experiências compartilhadas, cada um conseguiu montar efetivamente seu negócio. Todos conseguiram definir produtos ou serviços e comercializá-los localmente, mensurando seus resultados e entendendo basicamente como seguir a partir dali.

Durante as aulas e nossas provocações para a prática empreendedora, esses alunos chegavam a faturar, em média R$ 350,00 ao executarem os exercícios ou cumprir com as demandas do grupo. Ao final, todos tiveram chance de apresentar seus negócios à nossa rede de contatos e muitos conseguiram investimento, capital semente para irem além. Fomos abrindo e formando turmas, que, por sua vez, aprendiam, praticavam, faturavam e nos ajudavam a redesenhar o curso. Eles mesmos começaram a convidar seus amigos de outras localidades, inclusive da região metropolitana. Em 2019, já estávamos atendendo pelo menos umas cinco regiões diferentes na grande Curitiba, tendo formado centenas de empreendedores vulneráveis e sendo patrocinados por marcas que precisam gerar impacto social para expor métricas e resultados em seus relatórios anuais. Nós faturávamos, eles faturavam e as empresas patrocinadoras estavam satisfeitas com o impacto gerado. Foi quando me inscrevi e ganhei o prêmio de Empreendedora Curitiba, dado pela Agência Curitiba, da prefeitura da cidade.

No dia da entrega do prêmio, a vencedora de cada categoria receberia o troféu das mãos de alguém importante na cidade, e o meu foi entregue justamente por você, Mônica! Não me esqueço daquele momento. Foi a primeira vez que a vi falando sobre o **Clube da Alice**, contando a sua experiência com a comunidade, como tudo tinha crescido e como as Alices usavam esse espaço para comercializar seus produtos e serviços. Enquanto eu ainda estava encantada com sua história, você já estava lá na frente imaginando o que aconteceria se juntássemos as forças e trouxéssemos uma oportunidade de profissionalizar essas milhares de Alices em empreendedorismo. Foi aí que, no pé do ouvido e em meio aos flashes do palco, você sussurrou: "Precisamos conversar!".

Já estávamos no final de 2019 e logo que se formou a primeira turma da Youngers, em 2020, eu a convidei com o Paulo, seu esposo, para virem ver os resultados por vocês mesmos. Era 17 de março de 2020. A formatura foi ótima, vocês participaram ativamente com perguntas, fotos, interagindo com nossos alunos empreendedores, e foi ali que vocês sugeriram que trouxéssemos essa metodologia para dentro do **Clube da Alice**. Já estávamos sonhando com a coisa toda quando recebemos a notícia do primeiro lockdown – a pandemia chegava a Curitiba.

No início, imaginávamos que seriam apenas os 14 dias de confinamento e tudo voltaria ao normal, mas não foi bem assim. Ao longo dos meses seguintes, não só os nossos ex-alunos empreendedores, mas também vários outros comerciantes, inclusive Alices, começaram a sofrer muito com o dilema da saúde *versus* economia. Um assunto delicado e muito difícil de ser resolvido, que acabou nos trazendo para perto novamente.

Tudo que sabíamos sobre negócios tradicionais precisaria ser rapidamente adaptado para negócios online. As necessidades das pessoas em quarentena eram diferentes das de antes da pandemia. O medo de perder o emprego fez com que muita gente comprasse apenas o necessário e não mais o que era desejo. Começava, então, uma nova maneira de se empreender. Precisávamos aprender tudo logo, compilar tudo em um curso online e trazer para a frieza dos computadores e celulares o calor dos abraços e sorrisos de nossos encontros presenciais.

Eu ainda tinha a metodologia. Você já tinha toda uma comunidade online. Estávamos com a faca e o queijo na mão! E você ainda vinha da experiência do Desafio das Alices, de Maringá, ou seja, de qualificar aquela turma em tudo de melhor sobre as redes sociais, e com sucesso. Em meados de 2020, sem esperarmos mais pelo fim da pandemia e entendendo que este seria nosso novo *modus operandi*, consegui um patrocinador, e você conseguiu 50 Alices para que pudéssemos testar os impactos da qualificação empreendedora 100% online dentro do Facebook, em meio ao caos que estávamos vivendo. Nascia, ali, o **Empreender, Agora Vai** – nossa nova comunidade no Facebook.

CONEXÕES TRANSFORMADORAS

Na formatura dessa primeira turma de Alices, que passaram pela Jornada Empreendedora Youngers, colhemos um resultado nunca visto antes. Elas chegaram a aumentar em R$ 1.500,00 o seu faturamento após abrirem os olhos para entender com mais clareza detalhes importantíssimos da gestão de negócios, do novo cenário digital, das logísticas de entrega, das vitrines virtuais, do controle financeiro, da gestão remota de equipe, da precificação em meio à inflação e de tantos outros detalhes fundamentais para que alguém sustentasse um negócio durante a pandemia, assim como depois dela.

Além de todo o compartilhar técnico, ainda oferecemos todo um apoio terapêutico e mentorias específicas para que, além de aprenderem, elas pudessem se sentir capazes de realizar. Foi uma experiência tão marcante que certamente não poderia parar ali. O **Empreender, Agora Vai** começou, então, a tomar forma. E foi quando você e o Paulo decidiram indicar essa comunidade para o programa de aceleração do Facebook global. E fomos aprovados!

Era hora de começarmos a definir melhor como essa comunidade funcionaria, para quem ela seria e como cresceríamos com esse trabalho. De cara, a gente já sabia que aquela seria uma espécie de "casa de passagem", onde empreendedores, homens e mulheres, de qualquer cidade do Brasil, poderiam vir, consumir o que estávamos compartilhando para, então, voltar às suas comunidades de origem bem mais preparados e preparadas para crescer com seu negócio nesta nova era digital, em meio à pandemia.

A ponta que faltava era um belo modelo de negócios para não perdermos o foco da nossa essência empreendedora. Ainda era necessário ganhar dinheiro para sustentarmos nossas vidas, enquanto qualificávamos muitos empreendedores. E essa aceleração global do Facebook nos trouxe espaço para planejar essa estratégia. Fomos 1 dos 11 selecionados no Brasil todo para uma aceleração com quase 150 comunidades escolhidas em todo o planeta. Foram horas de treinamento, dinâmicas, experiências digitais e recursos para que pudéssemos pensar em um modelo que fosse inclusivo e sustentável financeiramente.

Lembro-me, Mônica, de como a gente fazia questão de garantir que qualquer um que entrasse no **Empreender, Agora Vai** pudesse consumir conteúdo gratuito e de qualidade. Lembro-me de como você orquestrou a criação de cada parte do grupo dentro do Facebook e trouxe todo o conteúdo de mídias sociais – eu particularmente não conheço hoje ninguém que saiba mais sobre o funcionamento do Facebook e do Instagram que você – enquanto a gente montava os conteúdos de gestão, finanças e planejamento.

Ao longo dos meses, percebemos que quanto mais as pessoas consumiam conteúdo, mais seus negócios cresciam e foi, a partir daí, que chegamos à conclusão de que poderíamos trazer um conteúdo estruturado para os empreendedores que pudessem pagar. Em vez de eles investirem tempo investigando livremente o **Empreender, Agora Vai**, eles pagariam para consumir tudo ordenadamente, poupando tempo e indo direto ao ponto! Foram semanas de gravações, produção, criação de plataforma e de muito "traz o chá pra Geovana" até chegarmos num modelo de curso online perfeito para quem precisasse aprender rápido a estruturar de verdade um negócio.

Não vejo a hora de lançarmos isso nos próximos dias! Será um prazer ver mais pessoas tendo uma série de insights com nosso conteúdo e colocando em prática coisas bem importantes para transformar qualquer bico em um negócio de verdade. Essa versão paga fará muita diferença na vida destes alunos e permitirá a nós e a nossas equipes continuar produzindo conteúdos de alta qualidade e impactantes.

Pense que esse é um dos projetos em que estamos engajadas este ano. E são muitos, tanto pra ti quanto pra mim! Em novembro de 2021 eu me mudei para o Rebouças, divorciei-me e recomecei a vida sem perder o propósito e o foco em impacto social. Apesar de não estar mais dentro da Vila Torres, não será fácil tirar a vila de dentro do meu coração.

Lembro-me de fazermos turmas só com imigrantes: haitianos, dominicanos, venezuelanos, colombianos... Era gente de muitos países que, além de aprender português, precisava refazer sua vida. Esse não é um processo fácil. Os venezuelanos, por exemplo, não saíam do seu país porque queriam, mas, sim, por causa da guerra, que os levava a chegar aqui quase sem nada (apenas com mochilas e pequenas malas e o dinheiro que cabia no bolso). Chegavam famílias inteiras – pai, mãe e filhos – que eram acolhidas por seus compatriotas, que haviam chegado meses antes. Todos desempregados, passando necessidade e com muita vontade de recomeçar. Haitianos e dominicanos, com seus sotaques franceses e o belo créole falado por eles, sempre animavam meu dia. Eles também sempre me contavam sobre a dificuldade enfrentada por eles com o preconceito na hora de buscarem emprego. Enfim, são tantos os desafios de quem começa o jogo já perdendo de dois a zero, que eu já não consigo mais pensar num estilo de vida que não inclua trabalhar com eles e por eles.

É por isso que, este ano, além do nosso projeto com o **Empreender, Agora Vai**, também aceitei o desafio da Aliança Empreendedora para comandar a implementação de um Hub de Crédito – chamado **Impulso** –, que é uma plataforma digital em que microempreendedores, formais ou não, podem buscar parceiros, que são bancos, fintechs e OSIPs de crédito e fundos, que oferecem linhas de microcrédito adequadas ao seu perfil. É no Hub que os microempreendedores darão um "match" com o investimento para fazer seus negócios crescerem.

A Aliança Empreendedora faz parte da história da Youngers desde 2018, como um parceiro que trouxe toda a base da nossa metodologia empreendedora. Se nós formamos turmas com 30 alunos, eles têm formado turmas com 1.500 por todo o território nacional. Um trabalho incrível, dedicado, sério e feito por um time imenso de pessoas altamente qualificadas. Tem sido uma honra ver os bastidores desse trabalho e com eles apresentar à sociedade mais um espaço para que microempreendedores tenham acesso a crédito. O meu desejo e todo o meu empenho nesse projeto voltam-se para que milhares de pessoas possam acessar essa plataforma e descobrir informações sobre onde, quando e como poderão buscar investimento. Espero que, além dos parceiros de crédito, o próprio governo e o setor privado voltem os olhos para essa necessidade – acesso a crédito – da sociedade e trabalhem para aquecer novamente nossa economia, trazendo o investimento à base da pirâmide empreendedora do Brasil, com formação empreendedora de qualidade.

Muita gente à minha volta, por me ver engajada com projetos de alto impacto social, considera que sou presidente de uma ONG ou de algo voluntário, vinculado exclusivamente ao terceiro setor. Associar dinheiro com fazer o bem ainda é um tabu. Quando digo que sou dona de uma empresa com fins lucrativos – LTDA, e não de uma OSC –, sempre vejo sobrancelhas levantadas e aquela cara de dúvida: pode lucro e propósito habitarem o mesmo coração? Somos a prova de que sim! Não trabalhamos para enriquecer, mas para viver dignamente. Aliás, se, hoje, eu não estivesse sendo remunerada para sustentar uma vida com dignidade, com o currículo que tenho e a experiência que adquiri, provavelmente já teria voltado ao mercado tradicional de trabalho em alguma grande empresa, cumprindo as convencionais – e boas também – 44 horas semanais de trabalho. É viver perto da necessidade que nos gera o propósito. É o amor-próprio e a noção de realidade que nos faz cobrar justamente isso. Até porque não faria sentido eu dar aula de empreendedorismo e não ser dona de um negócio lucrativo! Eu quero é ganhar *billions and billions* e saberei muito bem o que fazer com toda essa fortuna para continuar mudando o mundo.

Eu me lembro de ter sido contratada pela Secretaria Estadual da Cultura para oferecer uma oficina de empreendedorismo para artesãos de várias cidades aqui na grande Curitiba. E esse foi de fato um dos meus maiores desafios. Primeiro porque sei do valor e da importância da arte e dos esportes em nossa sociedade. É por meio da arte que aprendemos a expressar sentimentos, que nos permitimos lidar conosco, que desenvolvemos criatividade, representatividade e muitas outras características que fazem toda a diferença nas relações adultas. Artesanato, fotografia, esculturas, dança, música, poesia, todas as expressões artísticas são ferramentas poderosíssimas na construção das pessoas que formarão nossa sociedade. Segundo, porque a maioria dos artistas é tão boa em sua arte que acaba não sobrando muita energia para gastar com a gestão de um negócio. Ou seja, eles são ótimos para produzir arte, mas péssimos para vendê-la! Perdoem-me os artistas, mas essa é minha pequena experiência no mundo empreendedor com minhas doces alunas artesãs, cantoras, musicistas, bailarinas etc.

Lá estava eu, em meio àquele grupo de artesãos, encantada com cada trabalho incrível diante de mim, com a tarefa de sensibilizá-los quanto à importância de montar uma planilha financeira, de precificar sua arte e de encontrar clientes que entendam esse valor. Não é fácil, mas também não é impossível! Quando uma artesã deseja viver e sustentar sua casa a partir de seu artesanato, é fundamental que ela dê esse passo atrás e aprenda mais sobre como fazer a gestão dessa atividade.

Lembro-me bem de, quando a Youngers começou, eu estar tão romântica com a coisa toda que cheguei a me descapitalizar e fazer uma dívida de R$ 100 mil. Ou seja, eu sei bem do sentimento de empreender pelo que eu amo sem cuidar da gestão do negócio, eu vivi isso na pele! É uma delícia e devastador ao mesmo tempo. Eu achava que estava fazendo de tudo para o meu negócio dar certo e só me afundava em dívidas. Eu sentia que dava o meu melhor, mas não colhia nenhum resultado. Por quê? Porque eu estava apenas focando a minha nobre arte de palestrar. Tudo o que eu queria era dar palestras, falar com pessoas, estar com grupos, motivar toda a gente. Eu não me dedicava a cuidar de precificar esse trabalho, estabelecer uma rotina de venda dessas palestras, fazer o controle financeiro do dinheiro que eu gastava (que era maior do que o que eu recebia) e todo o restante de que um negócio precisa para ficar de pé.

Quando eu já não dava mais conta de viver endividada, parei tudo para recomeçar. Dessa vez, do jeito certo: empreendendo. Então, dediquei 90% do meu tempo para fazer a administração e a gestão do meu negócio. Apenas os 10% eram efetivamente no palco – e é assim até hoje. Aos poucos, a dívida foi completamente paga, a vida voltou aos eixos e eu só posso saborear os meus 10% de palco porque tenho sido altamente disciplinada com os 90% restantes.

Confesso que, no final de 2021, eu estava tão exausta que precisei, mais uma vez, fazer o que os empreendedores deveriam estar mais acostumados a fazer: recomeçar! Já não era mais por questões financeiras, pois a vida estava muito bem, de fato, mas era por questões de saúde mental. O nível de stress para manter uma equipe e uma startup do tamanho que a Youngers tinha se tornado era imenso; eu precisava cuidar de mim.

Aproveitei a aceleração do **Empreender, Agora Vai**, realoquei toda a equipe em projetos que fizessem mais sentido para eles e anunciei o fim da Youngers. Fechei 2021 livre da minha startup e pensei: agora vou tirar um ano sabático antes de retomar a correria. Contudo, não durou nem dois meses! Eu só precisava de férias mesmo, mas confesso que a melhor coisa que fiz na minha vida profissional foi abrir a Youngers. A segunda melhor foi fechá-la. Encerrar esse ciclo de dez anos com a empresa foi fundamental para que eu pudesse olhar de fora e perceber que havia maneiras melhores de ter mais impacto social, ser mais bem remunerada e ainda ter uma qualidade de vida mais alta.

Selecionei três projetos para tocar neste ano – além de atender a pequenas demandas, como participações em eventos, palestras e workshops – para me dedicar de coração, ganhar dinheiro e viver melhor. Naturalmente, o **Empreender, Agora Vai** está no topo dessa lista! Além dele, há o Hub de crédito, como já lhe contei anteriormente e um projeto *muito* especial de qualificação empreendedora na Bahia com a simpática Associação dos Amigos de Mar Grande.

Tem sido um prazer, Mônica, acompanhar e desenvolver as Alices – nossas primeiras alunas do **Empreender, Agora Vai** –, dando-lhes condições para aprender, aplicar e se desenvolver no que lhes é ensinado, orientado. Esses dias, recebi um mimo de uma delas, contando sobre como foi importante participar disso conosco e olhar para o seu negócio como um negócio de verdade, e não como um bico, saber que, na vida empreendedora, teremos altos e baixos e ter coragem para manter seu emprego e seu negócio simultaneamente até poder finalmente tomar a decisão de para onde seguir.

Estar contigo nas lives, na rádio, nos eventos do Hard Rock Cafe, nos encontros das Alices Black, na feirinha do Crystal tem sido um prazer imenso. Aprendo mais a cada dia. Ver seu cuidado com cada uma delas, seu interesse genuíno em fazer cada uma crescer, sua disponibilidade para estar com elas é de fato inspirador.

Não podemos esquecer que também sou uma Alice! Antes dessa nossa história toda eu já estava lá comprando coisas, trocando informações e, agora, com o curso online do **Empreender, Agora Vai**, vou poder até vender algo para as Alices. Experiência completa. Lembro-me de, há uns 6 anos, precisar trocar minhas filhas de escola e fazer um post no **Clube da Alice**, pedindo recomendações. Dei todas as informações necessárias e recebi dezenas de respostas, interações de mães perguntando o que havia acontecido, dando dicas de outras escolas, acolhendo minha dúvida e minha dor. Eu me senti como se elas estivessem tomando um chá das cinco comigo em casa.

Estar nos palcos com você e ser chancelada por você é um privilégio. Ter voz com as Alices e poder fazer parte de tantas histórias com você tem sido uma experiência única mesmo. Eu sei como é difícil trazer alguém a bordo de nossas jornadas profissionais, pois nem todos topam o nosso pique, nossos ideais, nosso jeito de trabalhar. E, por uma série de questões, conseguimos fazer isso dar certo juntas e tem funcionado muito bem. Espero que, de alguma forma, as Alices também vejam isso e se motivem a criar relacionamentos profissionais com qualidade – mesmo sabendo que são temporários – e que isso extrapole a esfera do trabalho e que seja apoio pessoal e presença nos dias de celebração e nos dias de choro.

Toda vez que uma das Alices me traz um mimo, pede para bater uma foto, compartilha uma fala que ficou marcada e escreve uma cartinha, eu sinto como se estivéssemos na direção certa. Esse calor e gratidão das Alices flui como uma bússola apontando para o norte. E é para lá que estamos indo!

A maioria das pessoas não sabe ou não vê o nosso esforço nos bastidores desse trabalho todo, que envolve manter a energia, o foco e a disciplina para fazer tudo acontecer. Sempre me impressiono com sua energia nos eventos: se cinco pessoas pedirem para bater foto com você, você baterá as cinco. Se 50 pessoas pedirem, você baterá as 50. Para quem nunca fez isso, já aviso, gasta muita energia. É uma atividade muito cansativa. Já a vi respirar fundo antes de entrar em eventos, deixando na porta seus problemas e incômodos para buscá-los de volta apenas na hora de ir embora. Não é à toa que você conseguiu, nesse tempo todo do **Clube da Alice**, trazer pertencimento, respeito e espaço para tantas mulheres. Isso é resultado de muito empenho, trabalho e dedicação.

Contudo, vamos falar dos perrengues também, acho que as pessoas ficam curiosas para saber o que não funciona tão bem nos bastidores do **Clube da Alice**. Para mim, é complicado, porque sinto que somos pessoas que levam a vida tão leve que raramente fazemos de um perrengue, um perrengue. Ao contrário, quando algo (supostamente) dá errado, simplesmente contornamos o erro e seguimos a vida, mas vale lembrar de algumas situações que me foram bem engraçadas, como uma vez em que entrevistamos uma pessoa na rádio e a entrevistada reclamou do Carnaval e falou mal das escolas de samba, sem ter se ligado que você é madrinha da campeã do carnaval curitibano. Ainda bem que era um programa de rádio, porque foi impossível para você segurar as expressões de espanto com a situação. Que pena que não bati uma foto.

Eu me lembro dos nossos combinados de "quem está com óculos sobe primeiro no palco e dá apoio para a outra não escorregar!". Também me lembro da gente desmontando um evento juntas no Crystal ou de eu segurar o celular para você fazer lives cobrindo eventos na Moda do Bem. Lembro das nossas viagens de Uber da rádio até o Crystal, da gente saindo com a cabeça fervendo de ideias e não termos tempo nem de respirar de tanto que falávamos. Enfim, foram muitas coisas divertidas!

Também não sei se todos já repararam em seu peculiar paladar infantil! A comida favorita da Mônica é cachorro-quente! Apesar de recentemente nosso almoço ter sido bem saudável, lembro-me de muitos almoços em fast foods, muitas comidinhas de festa e muitas compras de coisinhas novas no mercado porque a embalagem era bonita. Você conseguiu comer cachorro-quente até na Islândia! Confesso que, quando vi seus stories, achei o máximo.

Se for para falar em perrengue, perrengue mesmo, acho que o mais inconveniente e que faz parte do seu cotidiano é lidar com os cafezinhos servidos no **Clube da Alice** real, lá no Shopping Crystal. A gente não percebe que a loja do Clube da Alice, no Crystal, é uma loja do shopping e, como tal, ela não tem banheiro nem torneira. Então, se há reunião, há as xícaras sujas com restinho de café ou do "chá da Geovana". Como se desfazer desses restinhos de líquidos e como lidar com a louça suja? Tem um lugarzinho, lá nos fundos da loja, com uma garrafa própria para isso. No final de cada dia, você, Mônica, sai plena e elegante pelo Crystal com a garrafa em direção ao banheiro para dispensar esse líquido no vaso sanitário e dar um jeito na pequena louça

CONEXÕES TRANSFORMADORAS

suja. Lá está a diva mor do **Clube** resolvendo seu dilema de ser uma boa anfitriã e servir chás e cafés, mas que, no final do dia, precisa ir ao banheiro remontar o espetáculo.

Enfim, agradeço a oportunidade, Mônica, de poder contar um pouco da minha e da nossa história juntas. É muito bom poder estar com você no que temos realizado e ainda vamos realizar juntas e com as Alices, e nos imprevistos – engraçados ou não – que passamos e ainda passaremos, pois como eu disse, eles acontecem. O importante disso tudo é a conexão que temos e estabelecemos com as pessoas das quais nos aproximamos e que igualmente se aproximam de nós.

É muito bonita essa relação de reciprocidade, de senso de pertencimento e de juntas buscarmos, dando-nos as mãos, o propósito da vida e a jornada empreendedora de cada uma de nós. Gratidão!

A gratidão também é minha, Geovana! Faço minhas as suas palavras! Sou muito grata e feliz por nossa conexão nos diversos projetos e em nossos objetivos comuns no **Clube** e para a vida das pessoas que confiam e se mobilizam na busca de seu propósito, da sua transformação interior, de vida e como empreendedoras. Tem sido bacana, como você bem diz, a nossa parceria, inclusive nos perrengues de bastidores ou não.

Que possamos prosseguir caminhando juntas em nossa amizade e em nossas jornadas mudando vidas: as nossas e as das pessoas que rumam conosco. Gratidão, Geovana!

E por falar em rumar conosco... Você, Felipe Guerra, também tem rumado comigo e com todas nós desde o início do **Clube da Alice**. É meu amigo e meu parceiro em muitas realizações, em minhas ideias, nos eventos, na escola de samba, nos shows e no universo – e metaverso! – da comunidade. Então, eu o convido a contar um pouco da sua e da nossa história, Felipe.

O JEITO ALICE DE EMPREENDER

Abrindo alas de universos para compartilhá-los com as pessoas

Felipe Guerra

Obrigado, Mônica, pelo convite! Temos muita coisa para contar sobre as nossas parcerias e sobre as aventuras que realizamos e vamos realizar no e para o **Clube da Alice**. Eu vou começar o meu relato destacando um fato que a Geovana mencionou em sua narrativa: o engajamento, pois ele é muito maior que o de alguns meios de comunicação de Curitiba. Os números relacionados a engajamento e de resposta da comunidade são impressionantes. Ou seja, é impressionante a capacidade do **Clube da Alice** em gerar assunto, engajamento, resolver as diversas questões que envolvem as pessoas da comunidade e, consequentemente, as famílias.

É gratificante eu poder acompanhar isso tudo que o **Clube** tem gerado, porque eu o vi nascer. Eu me lembro que nós já trabalhávamos juntos dividindo a responsabilidade de direção de arte da produção de musicais. Nós nos conhecemos nesse mundo das artes e eu fui acompanhando o nascimento da ideia e o nascimento da comunidade.

No início, a ideia era a de que fosse algo pequeno para ajudar as amigas, e a comunidade foi crescendo organicamente – e eu fui a acompanhando, Mônica, nessa jornada, nessa descoberta e nessa transformação do próprio **Clube**, ou seja, do entendimento do que poderia vir a ser e do que ele se tornou. Isso foi muito bonito!

Para mim, foi muito legal poder presenciar o nascimento e o processo de amadurecimento do **Clube da Alice**. E, por estar ao seu lado, Mônica, como amigo, como um grande amigo, nós sempre discutimos – nós nos falamos muito ao telefone, semanalmente, durante horas e enquanto a conversa flui – sobre que iniciativas podemos criar fora da plataforma do Facebook, ou seja, como podemos escalar o produto **Clube da Alice** para outras ações que não só no interior do Facebook e que também não se restrinjam a mulheres, mas abarquem a sociedade como um todo.

A partir dessas reflexões, que deram origem a ideias, nós desenvolvemos alguns produtos. Um deles, que foi um produto muito legal e que teve uma durabilidade interessante, foi a loja física. Nós conseguimos criar, em shoppings de Curitiba, um pedaço (nos formatos de loja e de quiosque) do **Clube da Alice** como uma grande vitrine para as empreendedoras. Isso funcionou muito bem! Esse produto só não está ativo, não está rodando, por conta da dificuldade de tempo para a realização de sua gestão. Como você sabe da importância de um espaço assim, eu tenho certeza de que você o retomará, Mônica.

Importância por quê? Porque conseguimos ofertar a experiência de shopping às empreendedoras que trabalhavam em casa. Isso é muito potente! Quando você leva uma pessoa que está acostumada a vender em casa, no e-commerce ou de forma caseira, ao *mall* do shopping, você proporciona a ela uma experiência que talvez ela jamais tivesse estando em casa. Portanto, isso mudou muito o modo de ver e de agir das empreendedoras e fez com que algumas marcas que passaram pelo shopping tivessem um amadurecimento e se transformassem em lojas muito mais potentes e muito mais profissionais. Então, esse produto da loja foi um projeto que eu tive a alegria de também idealizar com você, Mônica, e de fazer o projeto tanto das lojas físicas quanto dos quiosques.

Por conta de tudo que esse projeto envolveu, eu acho que vale a pena relembrá-lo aqui, pois é uma história muito bonita, em que vimos as empreendedoras trazendo os seus produtos e o que é ser uma Alice para a vitrine de shoppings muito importantes de Curitiba.

Outro projeto muito bonito e necessário foi a rádio online. Eu lembro bem que estávamos vivendo aquele momento crítico de quando a pandemia de covid-19 se instalou e eu e você nos reunimos porque acreditávamos e desejávamos fazer algo para ajudar todo mundo, pois as pessoas estavam passando por dificuldades. O nosso intuito era o de ajudar as pessoas que não tinham informação, dar apoio às Alices. Nós queríamos ajudar, em todos os sentidos, o grande grupo de pessoas que já fazia parte da comunidade e que estava enfrentando dificuldades por conta da pandemia, e a forma que encontramos foi por meio da rádio online.

Então, nasceram a rádio online e o nosso programa diário, em que levávamos informações, conteúdos e entretenimento. Os resultados foram bem positivos e ele durou o tempo que tinha de durar para que todo mundo passasse por aquela fase mais complicada do lockdown. Quando ele deixou de fazer sentido e foi suspenso, nós paramos as atividades porque achamos que já tínhamos cumprido a nossa missão. Então, a rádio foi muito legal como um projeto paralelo que conduzimos juntos.

É claro que eu não poderia deixar de trazer para o meu relato, Mônica, mais um projeto que ainda temos e que é muito forte, que é uma ala, a ala da Alice na escola de samba Enamorados do Samba, que eu fundei e da qual sou o carnavalesco. Nós desenvolvemos um trabalho bacana de entretenimento, aproximação das Alices ao Carnaval de Curitiba, de valorização do Carnaval da cidade e também uma plataforma de troca entre elas.

Então, esse é mais um bracinho do **Clube da Alice** voltado para entretenimento, cultura popular, Carnaval e para o encontro, que se dá de modo diferente, pois as Alices experimentam a interação para além da rede social, já que promovemos a reunião das meninas nas festas da escola e no desfile da Enamorados do Samba. Esse é mais um produto bem bacana do qual eu participo diretamente na gestão e na organização. Em uma das edições do Carnaval de Curitiba, a Enamorados do Samba uniu as protetoras de animais com as Alices e foi maravilhoso! Você estava lá, Mônica, e sabe bem disso!

Como a Enamorados do Samba é a primeira escola de samba ecológica do mundo, nós levantamos algumas bandeiras importantes, então, há sempre uma ala da proteção animal, que expressa e levanta questionamentos; uma ala da inclusão, onde trazemos pessoas com algum tipo de necessidade especial, como as pessoas com autismo, as surdas com as quais trabalhamos a vibração da bateria, pessoas com dificuldade de locomoção... Essa é uma ala belíssima e que nos traz a percepção e a certeza de que nós transformamos a vida da pessoa que lá está, proporcionando-lhe, entre tantas coisas, a alegria.

Nós também utilizamos, claro, muito material reciclado a partir de uma parceria direta com uma associação de catadoras da cidade de Rio Branco do Sul, desenvolvendo um trabalho em que ressignificamos a garrafa pet ao introduzi-la na produção das fantasias. Eu acho que a parte mais importante da Enamorados do Samba, agora, é unir a ação dessa ala, pois temos recebido feedbacks bem positivos e queremos expandi-la cada vez mais, no sentido de gradativamente oferecermos mais acesso às pessoas.

Como eu disse, nós vimos muito essa questão das pessoas com necessidades especiais e como a escola pôde e pode contribuir com para com elas. Ao inserir na ala a pessoa que não escuta ou não enxerga e que, portanto, vive as limitações de não ter esses sentidos da percepção, que são tão importantes quando trabalhamos com a percussão, por exemplo, tivemos a valiosa e bela oportunidade de presenciar e entender como essas pessoas sentem, recebem e interagem com ela: a percussão lhes toca, faz vibrar o seu coração e de uma forma muito profunda que nós nem imaginávamos. Então, há uma experiência muito bonita que acontece a partir da percussão, do som da bateria. Muito legal mesmo!

Nós também temos histórias belíssimas de pessoas com autismo. Às vezes, os pais as deixam conosco na Enamorados do Samba e elas interagem, participam da bateria, elas pertencem ao grupo e isso vai acontecendo naturalmente. É maravilhoso ver e sentir isso tudo acontecer!

É muito bom poder compartilhar o que já realizamos e que está acontecendo! Aliás, conosco, tudo já está acontecendo: entre as ideias, a concepção e a realização, é tudo muito dinâmico, por isso é difícil não trazer para o meu relato tantos projetos que conduzimos e estamos conduzindo juntos, Mônica.

E por falar nisso... além dessas realizações, estamos envolvidos em um novo projeto, que é ainda mais desafiador e é do nosso futuro, porque é o **Clube da Alice** no metaverso. Nós já desenvolvemos o universo do **Clube** e ele está pronto. Aliás, nós nos antecipamos ao próprio Facebook ao projetar o metaverso da comunidade, pois estamos à frente da rede social quanto ao desenvolvimento, à arquitetura e à concretização do metaverso. Você, inclusive, Mônica, tem provocado o Facebook nesse sentido.

É muito legal, nós, como grupo secreto do Facebook, estarmos à frente da rede social no desenvolvimento de algo que está sendo inserido por eles: o metaverso. Inclusive o nome da empresa Facebook, agora, virou Meta.

Nós já estruturamos o projeto, estamos com a plataforma pronta e, na verdade, nós entregamos dentro do metaverso tudo que o **Clube** tem de melhor e com a chance de haver a troca direta entre as Alices. Essa é uma perspectiva e uma oportunidade muito positiva. Hoje, as Alices realizam um tipo de troca que chamamos de passiva, em que as Alices publicam seus posts oferecendo seus produtos ou serviços, expõem seus dramas e contam suas histórias. No metaverso, elas poderão fazer isso de forma ativa como personagens atuando em tempo real no **Clube**.

Para tanto, projetei uma plataforma de encontro, uma rede social imersiva em tempo real, onde as Alices poderão conversar, trocar informações entre elas e ter experiências do **Clube da Alice**, que será uma loja virtual disponibilizada para as empreendedoras, em que elas poderão ter a sua atuação no e-commerce impactada. Haverá uma área de entretenimento com jogos personalizados para atrairmos os públicos infantil e jovem, e ofereceremos também coisas para crianças e para as meninas jovens, porque elas estão se aproximando do **Clube**.

Além disso tudo, há a parte que acho mais importante do nosso metaverso, que é o labirinto, em que vamos contar as histórias das Alices, e que, na verdade, será um pouco do que o livro já está fazendo, não é, Mônica? Elas poderão ainda deixar seus depoimentos no Museu da Alice. O interessante é que tudo isso acontecerá de forma natural, pois a rede social já é um treinamento para o metaverso e a chegada dele está acontecendo primeiramente nas grandes empresas, por terem munição para bancar essa plataforma, mas ela vai chegar para todo mundo muito naturalmente.

O Facebook está trazendo uma plataforma para horizontalizar o acesso ao metaverso, mas não há dúvidas de que ele vai acontecer para todos, já aconteceu para alguns, como mencionei, portanto, já é realidade e é natural. Eu estou nessa história por ser arquiteto e diretor de arte e, por conta disso, trabalhar com alguns eventos para empresas. Uma delas é uma grande e reconhecida empresa de revestimento cerâmico com sede aqui no Paraná.

Até então, nós sempre fizemos os eventos deles de forma presencial e a pandemia nos obrigou a gerar uma experiência em alguma plataforma que oferecesse aquilo que ofertávamos no presencial, e a única plataforma que possibilita isso é o metaverso porque, nele, temos shows, encontros, showroom, o comercial trabalhando para apresentar peças do showroom, 40 reuniões simultâneas para venda e compra de produtos... Foi algo tão robusto que a única plataforma que poderíamos trazer para esse evento e que o aproximasse da experiência física foi o metaverso.

Então, entramos em contato com algumas empresas que já trabalhavam com plataformas do metaverso, escolhemos uma delas, que inclusive é de Curitiba e uma das melhores do mundo, aceleramos o processo durante sete meses e retrabalhamos, lapidamos a plataforma para que ela oferecesse aquilo que precisávamos e que não existia ainda. Assim, fizemos esse evento e a empresa conseguiu vender 30% a mais do que foi vendido no evento presencial. Detalhe: a participação no evento realizado no metaverso foi de pessoas na faixa etária 50+, ou seja, não eram clientes jovens que estavam interagindo com a plataforma, mas clientes do Brasil todo nessa faixa etária. Todo mundo entrou, todo mundo conseguiu! A plataforma é extremamente fácil de mexer: a pessoa entra no site, faz seu avatar e logo está andando pelo evento, experimentando e trocando informações.

Isso tudo vai acontecer também no **Clube da Alice**, pois, na hora em que a comunidade entrar no metaverso, ou seja, quando ela oferecer essa plataforma, as Alices ingressarão nela para trocar informações entre elas, porque o **Clube da Alice** é sobre isso. É sobre "eu preciso", "eu ofereço", "eu troco informações", "eu peço"... Então, essas trocas que acontecem de maneira mais passiva – assim eu me refiro ao ato de as pessoas digitarem algo, publicarem um post – serão realizadas de forma mais ativa e em tempo real. Elas vão poder se encontrar, mesmo pela tela do computador, nesses espaços virtuais.

E tudo isso de modo que o **Clube da Alice** ofereça as experiências, que você, Mônica, quer trazer e que ainda não foi possível, mas que, em breve, serão uma realidade, como levar este livro para dentro do metaverso. Com isso, as Alices poderão lê-lo também na plataforma, acompanhado de outras mídias e de conteúdos complementares ao livro e em espaços do metaverso do **Clube**, como o Memórias da Alice, que fará parte do labirinto desse metaverso. E por falar em espaços... serão muitos, não é, Mônica? Entre eles, nesse labirinto, haverá a loja, formas de gamificação (que atrai o público jovem), entre outros.

Além de proporcionar uma diversidade de participação para as Alices, o metaverso mudará a escalabilidade da comunidade, pois atualmente ela é muito enraizada na questão local, Curitiba e Paraná. E o que o metaverso vai fazer quanto a isso? Vai transformar o **Clube** em um produto altamente escalável em nível mundial, porque todo mundo poderá acessá-lo. Aliás, a escalabilidade, no meu entendimento, é o que justifica o **Clube da Alice** estar no metaverso. Com isso, também serão atraídos patrocinadores que hoje têm uma certa limitação quanto a estar em um grupo secreto do Facebook.

Ao estar no metaverso, a comunidade poderá escalar todo tipo de patrocínio. Assim, os patrocinadores terão seu pavilhão dentro do metaverso do **Clube**, onde as Alices poderão ter a experiência, em tempo real, dos espaços dessas empresas ali dentro. No metaverso, teremos tudo que é possível imaginarmos!

Quanta coisa já realizamos e quantas ainda estão por vir, Mônica! E tudo isso tem sido levado com muita dedicação, coração, planejamento e resiliência, mas também com muita graça, tanto no sentido de graciosidade quanto de termos histórias engraçadas juntos e que, claro, não posso deixar de contar – pelo menos uma delas.

Esta é de quando você criou o **Clube** e estava começando a viralizar. Você resolveu fazer as carteirinhas físicas para as associadas, que davam acesso a produtos, promoções, entre outras coisas. Eu tinha uma! Você fez uma carteirinha para um homem: a minha! Você disse que eu seria o único homem que teria a carteirinha do **Clube a Alice** e eu falei: "Maravilha!". Eu a recebi e a deixei na minha carteira. Um dia, eu fui assaltado e levaram a minha carteira. Enfim, perdi a carteirinha, né. No dia seguinte, uma Alice postou na comunidade que tinha encontrado a minha carteira e a minha carteirinha do **Clube da Alice**. O post dela era mais ou menos assim: "Achei a carteirinha de um homem

CONEXÕES TRANSFORMADORAS

[e ela expressou que tinha achado estranho esse fato] perdida, com todos os seus documentos" e perguntou se as Alices poderiam ajudá-la a encontrar a pessoa. Eu recuperei todos os meus documentos e a carteirinha do **Clube da Alice**. Eu achei genial! Eu fui salvo pela carteirinha do **Clube da Alice**. Tudo o que você possa imaginar de documentos estava na minha carteira, a pessoa que me roubou levou só o dinheiro. Foi ótimo ter reencontrado tudo, graças à carteirinha do **Clube**! Lembro que você me ligou, Mônica, perguntando se eu estava bem e eu disse que sim, embora tivesse sido assaltado. E você disse: "Pois eu sei que você foi assaltado. Eu estou com a sua carteira".

Poxa, essas histórias são as melhores. Eu me lembro também de outra história muito engraçada... quando estávamos fazendo um dos nossos musicais. Nós fazíamos musicais bem grandes e para muitos artistas. E, no fundo, no fundo, nós fazíamos as coisas na cara e na coragem e acabávamos tendo de fazer tudo. E há uma passagem da qual eu nunca vou me esquecer: um dia antes da estreia do musical do ABBA, na Ópera de Arame, eu encasquetei que queria que tivesse um barquinho, como se fosse de papel, de dobradura de criança, que passasse durante a música *Waterloo*, rolando pelos ares da Ópera de Arame. E eu pensando: "Meu Deus, como fazer? Nós precisamos desse barquinho". Ok, conseguimos resolver isso: descobrimos uma pessoa para executar o barquinho, nós o penduramos e, aí, quem tinha de fazer o barquinho andar e recolher o barquinho? Você, Mônica! Eu ficava na mesa de som com o radinho dando os comandos: "Solta o barquinho!". E o "barquinho" não era pequeno... Você empurrava o barco e saía correndo pelo anel superior da Ópera de Arame para receber o barquinho. Eu só ficava olhando lá de baixo você correndo para soltar e recolher o barquinho do ABBA.

Eu também me lembro de uma história mais trágica... bem triste até. Nós estávamos em um evento da escola de samba e a presidente na época estava superdoentinha, estava em fase terminal de câncer e, antes dessa festa, eu fui visitá-la e já havia percebido que ela estava próxima do falecimento. Apesar disso, eu tinha de tocar a festa, pois os ingressos tinham sido vendidos, estava tudo encaminhado e ia ter um bingo que eu e você iríamos cantar, lembra? Aliás, nessas festas, eu e você cantamos bingo. Essa situação foi tão triste, pois eu ficava esperando a ligação informando sobre o falecimento da presidente enquanto eu e você cantávamos o bingo, sentindo aquela aflição de receber a notícia na festa da escola de samba.

Nossa, amiga, temos muita história! E as histórias com a escola de samba são as melhores. As coisas que passamos nos musicais também não ficam atrás, pois foram engraçadíssimas, e nas lojas também. Enfim, tudo tem uma boa história. A própria história do **Clube da Alice** é uma boa história, pois tem seu fundo social e fez nascer entre as Alices o sentimento de pertencimento. Essa palavra é fundamental para o **Clube da Alice**, porque tem a ver com comunidade. Isso acontece com qualquer lugar: isso acontece com a escola de samba, com a igreja etc. e acontece também com o **Clube da Alice**. As mulheres pertencem à comunidade, ao grupo, o que faz com que elas comecem a dar certo e que elas se ajudem. É como se fosse uma religião, sabe, Mônica, no sentido da sua importância, ou seja, é tão importante quanto.

Daí ser fundamental a publicação desse livro. Aliás, Mônica, eu falo para você, faz muito tempo que é importante que essa história seja documentada de alguma forma para que não se perca. Não há coisa mais rica do que a história das pessoas. Você poder documentar as histórias... É sobre isso, essa coletânea de boas histórias. Com certeza, o **Clube da Alice** coletará muitas mais e, claro, fazendo parte de cada uma delas.

Fico feliz de fazer parte dessa história desde o seu início. Obrigado, Mônica!

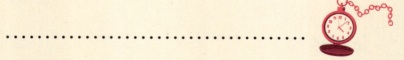

Felipe, você é também o **Clube da Alice**, pois você não só o viu nascer, mas teve participação ativa em seu nascimento, assim como na maturidade da comunidade. Tem sido um imenso prazer e um privilégio poder tê-lo ao meu lado em tantas realizações do **Clube**, inclusive nos momentos engraçados que, como você disse, são as melhores histórias e não são poucas. Em meio a essas histórias, colecionamos lindos e surpreendentes relatos de superação, de autoconhecimento, de reciprocidade, de empreendedorismo e de sororidade, que nos fazem o que somos: uma comunidade que é muito viva em tudo que se envolve e que envolve. Não é à toa que o sentimento real de pertencimento é muito forte em cada um de nós. Como eu disse, somos essa extensa e valiosa teia de e para a vida que se estenderá, muito em breve, ao metaverso.

Como Alices que somos – e você também é, pois tem até carteirinha, o único homem! –, estamos prestes a abrir mais uma porta desse nosso novo mundo e levamos conosco as chaves já descobertas e as novas que nos darão acesso a novas vivências, conquistas, aprendizados, transformações, experiências, conexões e muitas e muitas histórias que nos unem!

Gratidão a todos por tanto e por tudo! Vamos avante e juntos para novas jornadas!

Referências

BERLITZ, Mônica Balestieri. Quem lidera os líderes virtuais em grupos no Facebook? **Gazeta do Povo**, Curitiba, 14 mai. 2021. Vozes: Unidos pelo amor. Disponível em: https://www.gazetadopovo.com.br/vozes/unidos-pelo-amor/quem-lidera-lideres-virtuais-grupos-facebook/. Acesso em: 17 mar. 2022.

BRUM, Eliane. **A vida que ninguém vê**. Porto Alegre: Arquipélago, 2012.

CARROLL, Lewis. **Alice através do espelho**. Tradução: Ricardo Giassetti. Edição bilíngue: PT/EM. [*s. l.*]: Mojo.Org. p. 35. Disponível em: https://mojo.org.br/ebook/alice-atraves-do-espelho/. Acesso em: 13 mar. 2022.

CARROLL, Lewis. **Alice no País das Maravilhas**. Tradução: Nicolau Sevcenko. São Paulo: Cosac Naify, 2009.

COUTO, Mia. **O fio das missangas**. São Paulo: Companhia das Letras, 2016.

GULLAR, Ferreira. **Na vertigem do dia**. São Paulo: Companhia das Letras, 2017.

ROWLING, J. K. **Harry Potter e a câmara secreta**. Tradução: Lia Wyler. Rio de Janeiro: Rocco, 2000.

SILVA, Kelly Cristina Brandão da; ALCANTARA, Kelly Cristina Garcia de Macêdo. A (in)corporeidade do professor em tempos de pandemia e educação a distância. **Revista da FAEEBA**: educação e contemporaneidade, v. 29, n. 60, Salvador, out./dez., 2020. Epub 24. ago. 2021. Disponível em: http://educa.fcc.org.br/scielo.php?script=sci_arttext&pid=S0104-70432020000400102&lng=pt&nrm=iso. Acesso em: 11 abr. 2022.

Quem somos

A Ideal Books ganhou vida por acreditar que o conhecimento é uma das maiores ferramentas de poder para transformar as pessoas, afinal, é por meio das pessoas que mudamos a realidade do mundo. Por essa razão, diante de tantos cenários caóticos, com informações falsas e dúvidas sobre quais são os caminhos certos e errados, a nossa missão ganha cada vez mais força, pois a verdade é libertadora e permite que homens e mulheres façam suas próprias escolhas com segurança.

Somos inquietos, queremos um país melhor, e é por meio dos nossos livros e produtos com metodologias comprovadas e da nossa cultura empreendedora de resultados que vamos levar conhecimento aplicado a todos que buscam transformação de vida e de negócios. Foi por isso que a Ideal Books desenvolveu dois selos para ensinar a todos como conquistar equilíbrio e resultados com perenidade, ética e verdade: o selo **Ideal Business**, que distribui conhecimento voltado para todo o universo empreendedor, e o selo **Ideal Life**, que distribui conhecimento voltado ao desenvolvimento pessoal.

A Ideal Books é uma editora do Grupo Ideal Trends, um conglomerado de empresas multimilionário, íntegro e antenado com as principais demandas do mercado. Temos a certeza de que, com a nossa estrutura, métodos e a missão em espalhar a verdade, temos o mapa perfeito para potencializar qualquer expert que esteja alinhado com os nossos princípios e valores.

Conheça nossa loja:

Bônus

Escaneie o QR Code
a seguir e tenha acesso
ao bônus exclusivo deste livro.

1ª Edição [2022]

Esta obra foi composta em Adobe Garamond Pro e impressa em
Offset Pólen Natural 80g/m2 da Suzano Papel e Celulose
para a Editora Ideal Books.